An Weihnachten
schweben die Schafe

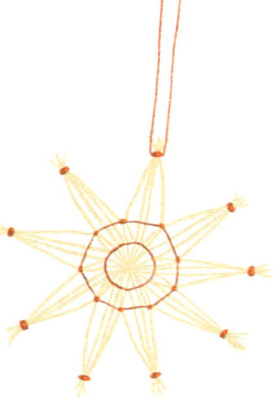

Susanne Orosz

# An Weihnachten schweben die Schafe

Mit Illustrationen von
Stefanie Jeschke

KNESEBECK

*Rattattaschräng!* Bauer Martin klappt die Tür seines Anhängers nach unten. »Da wären wir, Franzi. Komm, es kann losgehn!« Franzi reckt neugierig ihre Schnauze. Große Scheunen! Ställe aus rotem Stein! Grüne Tore und die Tür am Bauernhaus ist durchsichtig wie Wasser und geht ganz von selbst auf, wenn Menschen davorstehen. Bunte Lichter glänzen in den Fenstern, so viele wie Sterne am Nachthimmel, und – ganz unglaublich – es wächst rosa Schafgarbe darin! Franzis Herz macht einen gewaltigen Sprung. Schafgarbe ist ihr absolutes Lieblingsessen!

»Määhh!« Mit einem Satz hüpft Franzi auf den Hof. So gut gefällt ihr ihr neues Zuhause, dass sie zweimal von den Vorder- auf die Hinterhufe springt, dann alle Beine gleichzeitig abspreizt und in der Luft eine halbe Drehung macht.

»Holla!«, lacht der Bauer. »Da hab ich mir aber ein wildes Weihnachtsschaf eingehandelt!« Bauer Martin schiebt Franzi in Richtung Holzzaun. Dahinter wartet ein molliges Schaf mit wuscheliger, brauner Wolle, das wie ein Hausschaf aussieht und bedächtig auf einem Strohhalm kaut. »Das ist Karla!« Der Bauer schiebt Franzi durch das offene Gatter. »Macht euch bekannt und vertragt euch!«

»Grüezi. Ich bin Franzi aus den Bergen!«, sagt Franzi.

»Moin!« Karla dreht unentschlossen ihre Ohren vor und zurück. Die Wolle auf ihrem Kopf ist so dicht, dass Franzi an das weiche Moos zwischen den Fichten auf dem

Lämmerkogel denken muss. »Berge … Berge …« Karla mümmelt an ihrem Halm. »Davon hab ich schon mal gehört. Wenn mir bloß einfiele, was. Na, jedenfalls: Ich freu mich, dass du da bist, Franzi!«

Eben taucht ein zweites Schaf im Stalleingang auf. Seine Wolle ist makellos weiß, aber ratzekahl kurz geschoren. »Brrr!«, macht Franzi. »Ausgerechnet im Winter frisch geschoren. Es ist doch viel zu kalt für so kurze Wolle!«

Das weiße Schaf hebt stolz den Kopf und mustert Franzi.

»Komm, Emmi«, ruft Karla. »Unser Weihnachts…, äh, unser neues Schaf ist da!«

Elegant wie ein Reh trippelt Emmi los. Ihre glänzenden Hufe setzt sie dabei so exakt und gerade voreinander, als würde sie über einen schmalen Felskamm balancieren. Was heißt balancieren – es sieht aus, als würde Emmi schweben, wie ein Himmelsschaf. Vor Staunen vergisst Franzi zu atmen. Erst als Emmi dicht vor ihr hält, schnappt Franzi nach Luft. Emmis Augen funkeln.

»Grüezi!«, sagt Franzi freundlich und ihr kleiner Schwanz tickt. »Ich bin ein Schwarznasenschaf … und ganz weit gefahren mit dem Transporter. Schneck und Helga von der Alm haben's mir nicht geglaubt, dass hinter dem Lämmerkogel die Welt weitergeht. Aber ich hab's immer gewusst: Da kommen noch viele andere Täler und Flüsse und Menschensiedlungen! Ich hab alles gesehen, durch ein kleines Guckloch im Anhänger und … und … jetzt bin ich hier, wegen Weihnachten.«

Emmi macht schmale Augen und runzelt die Nase. »Schneck und Helga von der Alm – ich fasse es nicht! Ein dahergelaufenes Almschaf soll Weihnachtsschaf werden. Ein gewaltiger Unfug, wenn man mich fragt. Aber wir werden ja sehen. Ich geh rein, mir wird kalt!« Schwungvoll dreht Emmi sich um und trippelt in den Stall zurück.

»Beim Schafsköttel! Hab ich was Falsches gesagt?«, wundert sich Franzi.

»Glaub ich nicht!« Karla schubbert ihren Po am Zaunpfosten. »Emmi friert ohne Wolle. Sie kann nicht lang draußen bleiben.«

»Warum schert der Bauer in der kalten Jahreszeit?«, will Franzi wissen. »Da braucht ein Schaf doch seine Wolle.«

Karla linst zum Stall, ob Emmi sie hören kann. Dann schiebt sie ihre Schnauze dicht an Franzis Ohr: »Besser, du stellst nicht so viele Fragen. Emmi hatte ähm, wie heißt das gleich … diese kleinen Tiere, die wie Flöhe aussehen?«

»Milben«, weiß Franzi.

»Pssst, nicht so laut«, wispert Karla. »Melker Max musste sie zweimal scheren und mit Salbe einreiben. Und jetzt kann Emmi ohne ihre weißen Locken nicht mehr das Weihnachtsschaf sein!«

»Verstehe«, sagt Franzi. »Aber, was ist ein Weihnachtsschaf eigentlich?«

Karla verdreht angestrengt ihre Augen. »Hmmm ... ohne Weihnachtsschaf kann Weihnachten nicht stattfinden. Das Weihnachtsschaf muss bestimmte Dinge können, es muss ... schade, grad hab ich's noch gewusst.«

»Weihnachten ist hier wohl sehr wichtig?«, überlegt Franzi. »Das will ich meinen!« Karla wetzt ihr Kinn an den Zaunlatten. »Ohne Weihnachten passieren schlimme Dinge: Wir werden verkauft. Jedes Tier an einen anderen Hof. Dann können wir uns nie wiedersehen. Aber wenn du unser neues Weihnachtsschaf bist, brauchen wir keine Angst zu haben!«

Franzi reckt ihre Brust. »Kein Problem. Ich kann ziemlich viele Dinge und ich fürchte mich vor gar nichts. Nicht vor Gletscherspalten, nicht vor steilen Felsen, nicht mal vorm Lämmergeier – und vor diesem Weihnachten erst recht nicht! Sag mir, was ich zu tun habe.«

Karla spitzt die Lippen und denkt nach. »Das Weihnachtsschaf muss ... hm, das hab ich schon mal gewusst ...« Karla denkt und denkt so angestrengt, dass sie die Augen schließen muss. Das machen fast alle Schafe, wenn ihnen etwas nicht einfällt. Dann hat es gar keinen Sinn zu drängeln, das weiß Franzi. Sie stellt sich einfach neben Karla und hält den Kopf in die gleiche Richtung, damit Karla besser denken kann.

In der Schweiz, erinnert sich Franzi, gab es für Schafe kein richtiges Weihnachten. Ein Weihnachtsschaf gab es auch nicht. Nur weil Viola, die Hirtin, beim Ausmisten schöne Lieder gesungen hat, wussten die Schafe, dass bald Weihnachten kommt. Dann zog ein Duft wie Honigklee und Schafgarbe von ihrem Haus herüber. Am Weihnachtsabend kam der Bäcker mit einem großen Sack zu Besuch und hinter Violas Fenster hat es hell geleuchtet. Franzi dachte, der Bäcker hätte Sterne in seinem Sack gebracht und in Violas Zimmer ausgeschüttet. Aber das stimmte nicht. Denn am nächsten Morgen kam er mit dem vollen Sack in den Stall und kippte ihn im Trog aus. Lauter alte, zähe Brötchen fielen heraus. »Bei uns ist Weihnachten langweilig«, seufzt Franzi in die nachdenkliche Stille.

Karla schlägt erschrocken die Augen auf. »Bei uns ist Weihnachten das größte Fest der Schafe. Viele Menschen kommen in den Stall. So viele, wie der Wald Bäume hat. Und sie sitzen auf Bänken und warten.«

»Auf die alten Brötchen?«, will Franzi wissen.

»Quatsch! Auf das Weihnachtsschaf natürlich. Du stellst Fragen!«

Karlas Augen suchen angestrengt den Boden ab. »Wo ist denn bloß mein …?«

»Der Strohhalm klebt an deinem Kinn«, hilft Franzi. »Der ist grade nach unten gerutscht.«

Karla schielt und macht ihre Zunge lang. »Mist und tausend Schafsköttel! Da brauche ich eine Zunge, die so lang ist wie die von Olga, unserer Leitkuh.«

Franzi grinst. »Stimmt. Was hab ich denn nun zu tun, als Weihnachtsschaf?«

Karla wetzt ihr Kinn an der Zaunlatte, damit der Strohhalm zu Boden fällt.

»Genau weiß ich es nicht, aber es sind schwierige Aufgaben. Emmi hat furchtbar lange gebraucht, bis sie alles konnte. Der Bauer wollte sie beinahe schon verkaufen, so ungeduldig ist er mit ihr geworden. Komm, wir machen es uns drinnen gemütlich«, sagt Karla. »So viel am Stück hab ich übers ganze Jahr nicht gesabbelt. Das macht einen ja ganz schwummerig.«

»Zeigst du mir die anderen Schafe?«, fragt Franzi. »Ich meine, die Herde.«

Karla hält an und überlegt. »Aber Emmi kennst du doch. Und Emmi und ich, wir sind die Herde.«

Franzi klappt vor Staunen das Maul auf. Was für ein verrückter Bauernhof. »Zwei Schafe sind doch keine Herde! Auf dem Lämmerkogel waren wir so viele, dass uns Viola gar nicht zählen konnte.«

»Zählen ist auch richtig schwierig.« Karla bleibt im Halbdunkel des Stalls stehen. Rechts von der Futterraufe wetzt sie mit ihrem Po eine gemütliche Kuhle ins Stroh. »Ich hoffe, ich sag nichts Falsches, aber als Weihnachtsschaf musst du gut zählen können.«

»Das lerne ich schnell!« Franzis Schwänzchen tickt. »Was muss ich noch können? Felswandklettern? Klippensprünge?«

»Du musst … ähm, ich glaube …« Karla starrt auf den Boden, als hätte sie dort eine große Heuschrecke entdeckt. »Ich … ähm … denke …«, sagt sie langsam und gähnt. »Morgen wird Emmi dir alles erklären.«

»Schluss mit dem Gequassel!«, schnarrt Emmis Stimme herüber. »Ein Schaf braucht seinen Schlaf.«

»Tschuldige, Emmi«, flüstert Karla.

Franzi reckt vorsichtig den Kopf. »Warum schläft Emmi da drüben? Ein Schaf allein geht ein! Das sagen alle auf der Alm. Karla?«

Aber Karla ist längst eingeschlafen.

Franzi zieht die Vorderbeine an und legt ihr Kinn auf die Knie. Ob es wirklich so schwierig ist, ein Weihnachtsschaf zu sein? »Egal«, murmelt Franzi. »Ich schaffe das!«

»Aufwachen, Franzi!«

Franzi blinzelt. Gerade hat sie geträumt, sie hätte sich im Transporter in ein weißes Himmelsschaf verwandelt und wäre davongeschwebt. Alles konnte sie von oben sehen: Berge, Wälder, die Dächer der Menschensiedlungen und die vielen grauen Bänder, auf denen ihre Autos dahinflitzen. Es war wunderbar, so zu schweben. Als müsste sie nach einem besonders hohen Sprung über einen Felsspalt nicht mehr auf den Boden zurückkehren.

Plötzlich ist Franzi hellwach. Sie hat ihre Reise nicht geträumt. Sie hat sie wirklich erlebt! Bauer Martin hat sie auf seinen Hof gebracht, damit sie Weihnachtsschaf wird.

»Moin. Frühstück ist leider alle!« Karla zupft das letzte Heubüschel aus der Raufe und rennt nach draußen.

»Määäh, guten Morgen!« Franzi hebt den Kopf. Was glitzert da vor der Stalltür?

»Franzi!«, ruft Karla. »Schnell! Das musst du dir ansehen!«

Franzi läuft zur Tür. Tatsächlich, der ganze Auslauf ist von einer weißen Schneeschicht bedeckt. Vorsichtig setzt Franzi einen Huf hinein. So hoch und fluffig wie in den Bergen ist der Schnee nicht und drüben am Zaun schmilzt er bereits und bildet Pfützen. Aber um Spuren zu hinterlassen, reicht es. Franzi läuft eine Zickzacklinie und dreht sich um. Genau wie der Blitz, der im Sommer auf den Lämmerkogel niedergefahren ist, sieht sie aus. Von allen Felswänden hat der Donner gehallt und es war ein Krachen und Knallen und Franzi hat einen wilden Tanz dazu aufgeführt. Schon fängt Franzi an, zu blöken und zu hüpfen wie beim Gewitter auf der Alm.

»Gute Güte! Das gewöhnst du dir sofort ab.«

Franzi erschrickt. Am Wassertrog steht Emmi und schaut Franzi streng an. »Ein Weihnachtsschaf braucht Anmut und Eleganz. Sieh her!«

Emmi trippelt los und ihre schwarzen Hufe zeichnen eine schnurgerade Linie in den Schnee. Fast so, als wäre Emmi mit dem Fahrrad hindurchgefahren.

»Kopf nach oben und ein zartes ›Mäh‹ dazu!«, verlangt Emmi.

Gehorsam legt Franzi den Kopf in den Nacken und trippelt. Aber schon beim dritten Schritt verheddern sich ihre Beine und sie stolpert. »Zum Lämmergeier noch mal!«

»Ein Bein vor das andere!«, ruft Emmi. »Und keine schlimmen Wörter!«

Franzi versucht es noch mal ganz langsam: linkes Vorderbein, rechtes Hinterbein, rechtes Vorderbein, linkes – was kommt jetzt?

»Bewegung!«, befiehlt Emmi. Anmutig wie eine Hirschkuh läuft sie an Franzi vorbei und reckt die Schnauze, als würde sie einem Schmetterling folgen. Das sieht echt albern aus, weil es im Winter gar keine Schmetterlinge gibt. Franzi hebt trotzdem den Kopf und trippelt, wie Emmi es verlangt. Aber ihre Hinterbeine laufen Schlangenlinien und schon ist es passiert: Franzi stolpert und landet im Schnee. »Verflixter Ziegenmist!«

»Wie ungeschickt«, tadelt Emmi. »Hast du dir wehgetan?«

Franzi leckt ihr hinteres Schienbein. »Nö. Ich tu mir eigentlich nie richtig weh. Bin ich jetzt ein Weihnachtsschaf?«

Emmi neigt ihren schneeweißen Kopf und mustert Franzi. Dass Emmi so groß ist, war Franzi gestern gar nicht aufgefallen.

»Ein Weihnachtsschaf bist du noch lange nicht. Und ich bin mir auch nicht sicher, ob du jemals eines wirst.«

»Warum?«, ruft Franzi. »Ich kann über Felsen springen und über Gletscherspalten und mich beim Springen drehen, mit und ohne Anlauf, und …«

»Diesen Humbug brauchen wir hier nicht!«, unterbricht Emmi. »Erstens gibt es keine Felsen und zweitens musst du als Weihnachtsschaf nur drei Dinge können: elegant schreiten, bis drei zählen und sanft ›Mäh‹ sagen. Kannst du dir das merken?«

Franzi nickt. »Ich geb mir Mühe.«

»Weihnachten ist bald, wir haben nicht viel Zeit. Karla übt mit dir am Streichelzaun das sanfte ›Mäh‹. Ich geh wieder rein, sonst hole ich mir einen Schnupfen. Denk dran: keine Luftsprünge, kein Klettern! Eleganz und noch mal Eleganz.«

Vornehm schreitet Emmi zum Stall, obwohl ihre Beine vor Kälte zittern. Schön sieht sie aus. Wie ein Himmelsschaf. Wenn sie bloß nicht so streng wäre.

»Komm«, ruft Karla. »Max stellt das Streichelzoo-Schild auf. Es geht los!«

Franzi seufzt. Ob sie heute noch Frühstück bekommt? Hohl und leer fühlt sich ihr Bauch an, wie Violas Eimer vor dem Melken. Trotzdem trabt Franzi zu Karla hinüber.

»Da ist ja unser Weihnachtsschaf.« Melker Max grinst und langt über den Zaun. »Schicke Hörner hast du!« Schnell duckt Franzi sich unter seiner Hand weg. Was fällt ihm ein, ihr an die Hörner zu gehen? Das weiß doch jeder, dass Schwarznasenschafe so was nicht ausstehen können.

»He, keine Angst, Kleine.«

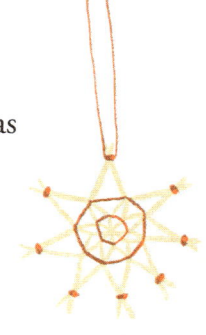

Kleine?! Franzi senkt ihre Schneckenhörner. Was bildet er sich ein? Und was für eine Nase er hat. Wie der Schnabel vom Steinadler, der im Frühling über dem Lämmerkogel kreiste. Zwei Lämmer hat er mitgenommen und alle Schafe haben gezittert, wenn sie seinen Schatten sahen.

»Max tut keiner Fliege was«, murmelt Karla. »Er macht unseren Stall sauber. Achtung, da kommen Kunden!«

»Kunden?«, will Franzi wissen.

»Menschen, die im Hofladen einkaufen. Deswegen stehen wir hier. Die Menschen streicheln gern. Davon bekommen sie gute Laune und kaufen mehr. Und davon bekommt der Bauer gute Laune.«

Franzi versteht: Das Haus mit den Lichtern und der Glastür ist der Hofladen und der Zaun davor ist kein normaler Zaun, sondern ein Streichelzaun. Jetzt kommt es drauf an: keine Luftsprünge und nur zartes »Mäh!«.

Ein Menschenlamm mit blauer Mütze klettert auf dem Parkplatz aus einem Auto. Seine Mutter trägt einen Korb am Arm, ähnlich dem, mit dem Viola Pilze sammeln ging.

Franzi reckt den Kopf über den Lattenzaun. Wie interessant. Menschenlämmer hat sie bisher nie aus der Nähe gesehen. Ob die wohl von Anfang an auf zwei Beinen laufen können? Und seine Mütze riecht nach Schafswolle. Aber blaue Schafe ... gibt's die überhaupt? Franzi reckt sich in die Hufspitzen.

»Määäähh!«, tönt sie.

**17**

Karla spuckt ihren Strohhalm aus. »Gut gemacht! Lass ihn näher rankommen und mach noch mal ›Mäh‹!«

»Määäääähhh!«, macht Franzi.

Das Menschenlamm strahlt. »Wie süß, Mama. Darf ich dem Schaf Hafer geben?«

Hafer? Franzi spürt die große Leere im Bauch und ein leises Rumpeln. Hafer – nach Schafgarbe ist das ganz klar ihr zweitliebstes Futter! Franzi schnuppert. Sie späht zwischen die Zaunlatten und sieht, wie das Menschenlamm in den Blecheimer neben dem Gatter greift. Frisch gequetschter Hafer – welcher Duft! Franzi drückt ihre Schnauze zwischen die Zaunlatten und trippelt. Das Menschenlamm hebt seine Faust über den Zaun und lässt einige Haferflocken auf Franzis Hörner rieseln. Franzi schüttelt sich. Langsam öffnet sich die kleine Menschenhand über ihr. Schnell – sonst hat das Menschenlamm den leckeren Hafer in die Pfütze gestreut! Franzi nimmt Anlauf und springt mit aufgerissenem Maul hoch. Genau in dem Moment, in dem der Junge die Hand aufmacht, schnappt Franzi zu. Flocken wirbeln durch die Luft. Aber nur wenige landen in Franzis Maul. Der Rest fällt in die Pfütze.

»Ahhhh!«, schreit das Menschenlamm. »Das Schaf hat mich gebissen!«

Franzi blickt kauend zwischen die Zaunlatten. Die Hand der Menschenmutter tupft mit dem Taschentuch Schlammspritzer aus dem Gesicht ihres Kindes. »So ein böses Schaf. Ich werde mich beschweren!«

»Oh weia«, murmelt Karla. »Das gibt Ärger!«

Mit dem brüllenden Menschenlamm an der Hand stapft die Mutter durch die Glastür. Im Laden spricht sie mit Melker Max und beide werfen böse Blicke herüber.

»Du darfst am Streichelzaun nicht springen«, flüstert Karla.

»Wie gemein von dem Menschenlamm zu behaupten, ich hätte es gebissen«, ärgert sich Franzi. »Schafe haben doch vorne keine Zähne!«

»Echt jetzt?« Karla betrachtet ihr geblecktes Maul in der Schlammpfütze. »Du hast recht! Nur unten sind Zähne, oben nicht. Das ist mir noch nie aufge…«

Karla verstummt. Melker Max, die Mutter und das Menschenlamm stürmen aus dem Hofladen. »Tut mir wirklich leid«, beteuert Max. »Das Schaf muss sich erst an den Hof und die vielen Menschen gewöhnen.«

Franzi sieht durch den Zaun, wie ihm das Menschenlamm die Zunge rausstreckt.

»Das ist kein naturnaher Einkauf, sondern lebensgefährlich. Ein gehörntes Vieh frei rumlaufen zu lassen: unerhört! Komm, Schatz!« Das Menschenlamm und seine Mutter marschieren zum Auto zurück.

Max fasst mit beiden Händen an den Zaun. Schwarze, gekräuselte Haare ragen aus seiner Adlernase und seine grauen Augen schimmern wie Kiesel im Wildbach. »Hör mal, Franzi: Benimm dich oder ich binde dich im Stall fest.«

Franzi zieht den Kopf zwischen die Schultern. Im Stall festbinden! So etwas wäre Viola nicht im Traum eingefallen. Max schlurft in seinen grünen Gummistiefeln zum Laden zurück. Er nimmt zwei Kisten Grünkohl aus der Schubkarre am Eingang und trägt sie nach drinnen.

»Schau erst mal zu, wie *sich streicheln lassen* richtig geht. Siehst du die beiden da?«

Karla deutet mit dem Kopf auf ein altes Menschenpaar mit Einkaufstaschen. »Versteck dich!«

Franzi stellt sich unter das Hofladenfenster am Streichelzaun und beobachtet, wie Karla sich von der alten Frau die moosweiche Stirnwolle tätscheln lässt. »Na, du Süße, wie geht's dir heute?«, sagt die Frau.

»Määhh!«, antwortet Karla sanft. Langweilig, findet Franzi und schaut hoch zum Fenster. Was es wohl drinnen zu sehen gibt? Franzi stemmt sich auf die Hinterbeine und klettert mit den Vorderhufen aufs Fenstersims. Eins-zwei-hopps ist auch Franzis Hinterteil oben. Franzi drückt ihre Nase an die Scheibe. Im Laden ist alles voller Menschen und es gibt Kohl, Käse und Brötchen. Melker Max packt Grünkohl ins Gemüseregal und der Bauer und der Traktorfahrer helfen ihm dabei.

Plötzlich rumpelt es. Richtig laut und gefährlich und Franzi guckt nach oben. Da wird doch kein Gewitter kommen? Aber kein einziges schwarzes Himmelsschaf ist zu sehen. Und ein Gewitter ohne die gibt es nicht. Schon wieder Grummeln und Rumpeln und jetzt weiß Franzi auch, woher es kommt: aus ihrem Bauch. Eine Fingerkuppe Haferflocken hatte sie als Frühstück und es ist schon Mittag! Auf der Alm hätte sie um die Zeit schon bündelweise duftendes Heu und Schafgarbe gehabt. Aber was ist das? Über Franzis Kopf hängt ja alles voll mit rosa Schafgarbe! Franzis Vorderhufe tappen wie von selbst über die Fensterscheibe aufwärts. Das war was, auf der Alm in Schafgarbenblüten zu beißen! Im Spätsommer waren sie knusprig und schmeckten nach Sonne und Bergluft. Franzis Lippen rupfen und zupfen. Nanu? Das ist gar keine Schafgarbe! Aus der Nähe sehen die Dinger wie Sterne aus, mit rosa Perlen dran. Die schmecken köstlich und knacken lustig zwischen den Zähnen.

»Ewald!«, ruft die alte Frau, die mit Karla am Zaun steht. »Das glaubst du nicht! Da frisst ein Schaf den Weihnachtsschmuck aus dem Fenster!«

»Sofort runter, du Schafskopf!«, hört Franzi eine Stimme. Sie klingt gedämpft, als würde jemand in eine alte Gießkanne sprechen, und sie gehört Max. Er hämmert wütend von innen ans Ladenfenster. »Knacksknacks« machen die Perlen zwischen Franzis Zähnen. Max stürmt quer durch den Laden nach draußen. Zum Glück geht das in seinen Gummistiefeln nicht schnell und Franzi hat Zeit, einen weiteren Stern zu angeln. Der ist für Karla! Sicher mag sie rosa Perlen auch so gern. Jetzt kommen auch die Verkäuferin, Bauer Martin und der Traktorfahrer aus dem Laden gerannt. Genau in dem Moment, in dem ein weiterer Stern in Franzis Maul verschwindet, packt Max Franzis rechtes Hinterbein und zerrt daran. »Das sind Strohsterne, die frisst man nicht!«

Franzi schüttelt ihr Bein und es rutscht Max aus der Hand. »Na warte!«, droht er. Dann rollt er die Schubkarre vom Ladeneingang unters Fenster und steigt hinein. Ohne Mühe kann er jetzt Franzis Bauch umfassen.

»Mähähä«, macht Franzi und strampelt. Dann geht alles schnell: Max verliert das Gleichgewicht und Franzi fällt auf ihn drauf und die Karre kippt und klappt über beide drüber.

»Mähähäh!«, macht Franzi wieder und Max sagt »Hmpf!« und für einen Moment ist es dunkel. Aber schon wird es wieder hell, weil Bauer Martin die Karre hochhebt und grinst.

»Mensch, Max! Willst du dir den Hals brechen? Wer soll denn die Kühe melken?« Martin zieht Max hoch und zupft ihm Grünkohlblätter von der Nase und aus den Ohren.

»Dieses Schaf ist gemeingefährlich«, faucht Max und reibt seinen Unterarm. »Erst knabbert es Kinder an, dann Strohsterne!«

»Aber Franzi.« Martin bugsiert Franzi in Richtung Stalltür. »Du wirst uns doch an Weihnachten nicht enttäuschen?«

Franzi huscht an der Futterraufe vorbei zu ihrem Platz.

»Na, das war ja ein glänzender Start!«, spottet Emmi. »Aber was kann man von einem Bergschaf schon anderes erwarten.«

»Das ist ein blöder Bauernhof!« Franzi legt den Stern auf Karlas Platz. »Alle lügen, alles ist falsch. Sogar die Schafgarben!«

»Das sind Strohsterne mit Zuckerperlen, Dummerchen«, erklärt Emmi. »Martin hängt sie zur kalten Jahreszeit ins Fenster. Dann wissen die Menschen, dass Weihnachten kommt.«

Franzi lässt sich ins Stroh plumpsen. Solche Mühe hat sie sich gegeben, alles richtig zu machen. Aber Springen, Rennen und Klettern – das steckt einfach tief in ihr drin. Das lässt sich nicht so leicht abstellen. Franzi streckt die

Schnauze ins Stroh. »Ich hab keine Lust, Weihnachtsschaf zu sein.«

»Ausgeschlossen!« Emmis Augen funkeln. »Die Leute kommen von weit her und bezahlen Geld, um das Weihnachtsschaf zu sehen. Ohne das Geld kann der Bauer kein Winterfutter für uns kaufen. Wenn Weihnachten ausfällt wie letztes Jahr, gibt es eine Katastrophe! Ruh dich erst mal aus – morgen reden wir weiter.«

Wie blöd! Franzi hatte sich alles so schön vorgestellt, als der Bauer sie in den Anhänger lud. Sie würde die Welt sehen und interessante Dinge kennenlernen. Wer konnte ahnen, dass es so kompliziert ist, ein Weihnachtsschaf zu werden. Am Fenster ziehen drei weiße Himmelsschafe vorüber. Auf dem Lämmerkogel ist Franzi oft mit ihnen um die Wette gelaufen. Die tollsten Sprünge hat sie vollführt, und alles fühlte sich leicht an. Und jetzt?

»Was machst du da, Franzi?«, Karla kuschelt sich neben Franzi ans Fenster. »Himmelsschafe gucken. Ich wünschte, ich könnte so schweben. Dann käme ich ganz leicht zurück in die Berge.«

»Gefällt es dir nicht bei uns?«, fragt Karla.

Franzis Nasenlöcher zittern. »Ich weiß nicht.«

»Lecker, lecker – wie lieb von dir!« Karla beißt in den Strohstern und kaut genüsslich. »Emmi ist etwas streng. Aber sie meint es nicht so.«

»Warum wirst du nicht Weihnachtsschaf?«, schlägt Franzi vor.

»Ich? Nee, du! Ich kann mir so viele Dinge auf einmal nicht merken. Aber du bist schlau und geschickt. Du kannst das. Und denk mal, wie das wird, wenn du durch den Stall schwebst und alle begeistert klatschen …«

Franzi dreht die Ohren nach vorn. »Du meinst, ein Weihnachtsschaf kann schweben, so wie die Himmelsschafe?«

Karla verschlingt den Rest des Strohsterns mit einem Happs. »Natürlich!« Sie schiebt ihre Schnauze dicht an Franzis Ohr und flüstert. »An Weihnachten sehe ich immer heimlich durchs Stallfenster. Mir wird jedes Mal schwindlig. Emmi schwebt quer durch den Stall, hoch über den Menschenköpfen und immer höher und höher!«

»Wie macht sie das?«, fragt Franzi aufgeregt.

Karla blickt auf den Stallboden und denkt nach.

»Sie ist … eben eine Künstlerin«, fällt ihr nach einer Weile ein. »Aber als Weihnachtsschaf lernst du das auch.«

»Emmi bringt mir bei, wie ein Himmelsschaf zu schweben?« Franzis Schwänzchen tickt.

»Das muss sie wohl, weil es außer ihr niemand kann. Ist logisch, oder?«

Abheben und schweben, egal wie hoch und wohin … großartig! Franzi fühlt ein Kribbeln in den Beinen, sodass sie kaum stillhalten kann.

»Sag mir, wann es losgeht. Ich will schweben-schweben-schweben!«

»Bestimmt morgen. Heute ist es schon spät und ein Schaf …«

»… braucht seinen Schlaf, klar«, antwortet Franzi. Sie kuschelt sich dicht an Karla und kaum hat sie ihre Augen zugemacht, fühlt sie sich leicht und wolkig. Wie eine Nebelschwade hebt Franzi sich von ihrem Schlafplatz empor und schwebt. Erst durch den Stall, dann zum Fenster hinaus. Die Beine hält sie dabei schön eingeknickt, damit sie nicht in der Krone der alten Kastanie neben dem Parkplatz hängen bleibt. Der Martinshof, der Parkplatz, die Ställe werden klein und kleiner, bis schließlich nur ein schwarzer Fleck von allem übrigbleibt. Der Wind

treibt Franzi höher in den grauvioletten Abendhimmel. »Hey, Franzi!«, blöken die Himmelsschafe. »Wir fliegen in Richtung Süden, kommst du mit?«

»In den Süden?« Franzis Ohren flattern im Wind wie lose Kohlblätter. »Was macht ihr da?«

»Wir versammeln uns in den Bergen!«

Unter sich erkennt Franzi jetzt die grauen Bänder und flitzenden Autos, weites Weideland und Menschensiedlungen. Im Mondlicht fliegt rasend schnell ein Vogel über sie hinweg. Er glänzt silbern und hat keine einzige Feder. Franzi überlegt, wie der Vogel Körner pickt, wo er doch gar keinen richtigen Schnabel hat. Da wird es langsam heller und Franzi kullert sanft durch die Luft nach unten. Vor sich sieht sie Berge und dahinter noch mehr Berge. Franzi erkennt den Großkogel und die kleine Tanne am Wegrand. Sie sinkt und sinkt und sanft trägt der Wind sie über den Talhang. Ein Duft von Fichtenwipfeln und Moos kommt Franzi entgegen und sie macht sich bereit zur Landung. »Auf Wiedersehen, Himmelsschafe!«

»Auf bald, Franzi!«, säuseln die Himmelsschafe und wirbeln zum Abschied durcheinander. »Flieg bald wieder mit uns!«

Franzi gleitet abwärts und fühlt, wie die Wipfelspitzen an ihrem Bauch kitzeln. So prickelnd und aufregend ist das, dass Franzi ein sanftes Blöken anstimmt. Dreimal hintereinander. Und plumps, liegt sie auf dem Bauch und öffnet die Augen.

Wo bin ich? Ist das der Lämmerkogel? Franzi steckt die Schnauze durchs Fenster: Tannen, Tannen, Tannen und Fichten. Alle mit saftigen Nadeln in leuchtendem Grün. Ein richtiger Wald ist das. Aber der Lämmerkogel ist es nicht, sondern der Martinshof. Nur – auf dem gab es doch gestern gar keinen Wald!

Franzi eilt an der dösenden Emmi vorbei nach draußen. Neben der Tränke bleibt sie stehen und starrt auf den Parkplatz. Ist denn das die Möglichkeit? Über Nacht ist hier ein ganzer Wald gewachsen! Die Bäume verströmen einen Duft, der sich ganz fest um Franzis Nase wickelt und sie an den Streichelzaun zieht.

Franzi streckt die Schnauze durch zwei auseinanderstehende Latten. Ihr Schwänzchen tickt. Sie stemmt ihre Hinterbeine fest in den Boden und schiebt sich nach vorn. Kopf und Hörner passen prima durch, auch Schultern und Bauch. Aber beim Po ist es schwierig. Franzi ruckelt und drückt – und *plopp* ist sie auf dem Parkplatz.

Hm, etwas klein sind die Bäume ja schon. Aber egal! Franzi läuft mitten hinein in den Wald, streckt dort und da den Kopf zwischen die Äste und schnuppert. Herrlich frisch und würzig riechen die Triebe! Gerade will Franzi in einen besonders saftigen Trieb hineinbeißen, da wird er ihr vor der Nase weggerissen. »Den hier nehmen wir, Ewald«, hört sie eine Menschenstimme sagen. Das ist die alte Frau von gestern, na klar! Die Tanne vor Franzis Schnauze ruckelt und wird dann von Ewald in die Höhe gehoben. Er legt den Baum über seine Schulter und trägt ihn zum Auto. Melker Max bindet die Tanne auf dem Autodach fest.

Franzi schaut sich um. Auch an anderen Stellen ruckeln und zuckeln die Bäume. Sie werden hochgehoben und fremde Menschen wandern mit ihnen zu ihren Autos. Eine Frau fährt sogar mit einem Baum in der Hand auf dem Fahrrad davon. In Franzis Kopf dreht sich alles. Als stünde sie vor der tiefen Gletscherspalte auf dem Großkogel, so schwindlig ist ihr. Das darf doch nicht sein! Der schöne Wald! Die Menschen können doch nicht einfach alle Bäume klauen! Und überhaupt: Da wo sie herkommt, da konnte man die Bäume nicht einfach aus dem Boden reißen und mitnehmen.

»Halt! Hier kommt keiner durch!« Franzi senkt ihre Schneckenhörner und stellt sich Ewalds Auto in den Weg. Ewald fuchtelt hinter der Windschutzscheibe wild mit den Armen. Dann drückt er auf die Hupe. Ganz lang und laut.

Ein Krach ist das, dass Franzi richtig wütend wird. Diesem Ewald wird sie's zeigen! Sie macht die Augen zu und rennt auf das Auto los.

*Rrrums!* macht es, und *Muhhh!*

Franzi blinzelt. Huch …? Das ist ja gar nicht Ewalds Auto, sondern etwas weiß-braun Geflecktes. Links und rechts lange Hörner und in der Mitte zwei große braune Kulleraugen.

»Stopp«, sagt das Auto, das gar kein Auto ist, sondern eine Kuh mit einer Blesse auf der Stirn und einem großen, grau-rosa gesprenkelten Maul. »Die Tannen gehören dir nicht.« Die Kuh schubst Franzi sanft vom Auto weg und schüttelt ihre ausladenden Hörner. »Das sind Weihnachtsbäume. Die sind für Menschen da! Du bist wohl das neue Weihnachtsschaf?«

»Ich bin Franzi«, sagt Franzi verdattert.

Die Kuh leckt mit ihrer spitzen Zunge bedächtig erst in ihr linkes, dann in ihr rechtes Nasenloch.

»Bist du Olga?«

»Bin ich. Und du kommst am besten mit mir mit.«

Olga, die mindestens so stark ist wie der Stier auf dem Großkogel, schiebt Franzi in Richtung Schafgehege.

Mühelos drückt sie mit dem Vorderbein das Gatter auf und schaut Franzi auffordernd an.

»Das muss man sich vorstellen!« Emmi kommt in exakt gerader Linie aus dem Stall geschossen. »So was von ungebildet und will Weihnachtsschaf werden! Da lachen ja die Hühner!« Schwungvoll wirft Emmi ihren rasierten Kopf in den Nacken.

»Hmmm!« Olga senkt nachdenklich ihre breite Stirn. »Wir müssen Franzi Weihnachten eben richtig erklären!«

»Diesem Landschaf ohne Sinn für Grazie?«, spottet Emmi. »Wie willst du der was erklären? Die versteht doch nichts!«

Karla schiebt den Kopf durchs Stallfenster und mümmelt an einem Strohhalm. »Aber Weihnachten mal richtig erklären find ich schon gut, glaub ich.«

Olga schiebt Emmi und Franzi einfach in den Stall und zwängt sich selbst durch die niedrige Tür nach drinnen. Jetzt ist es hier so eng, dass alle sich ganz schmal machen müssen.

»Also, Karla«, sagt Emmi, »wenn du Weihnachten so gut erklären kannst, dann fang an!«

»Aber ich …« Karla rutscht der Strohhalm aus dem Mund. »Weihnachten ist, glaub ich, … gestern hab ich's noch gewusst!«

»Typisch!« Emmi schüttelt den Kopf. »Also pass auf: An Weihnachten tragen alle auf dem Hof glitzernde Kleidung. Im Tiefstall strahlen helle Lichter, und Sitzbänke werden aufgestellt. Hunderte und Hunderte Menschen kommen von nah und fern, nur um mich zu sehen, das Weihnachtsschaf Emmi!«

»Franzi!«, korrigiert Olga. »Dieses Weihnachten wollen sie Franzi sehen!«

»Das wird sich noch zeigen!« Emmi klimpert eitel mit den Wimpern. »Das Weihnachtsschaf ist jedenfalls das Wichtigste und Schönste an Weihnachten!«

»Du hast den Menschenkönig vergessen und die Krippe«, wendet Olga ein. »An Weihnachten geht es um den größten König der Menschen, um Jesus. Der wurde vor langer Zeit in Bethlehem geboren. In einem Stall, genau wie diesem.«

Franzis Ohren zucken. »Ein Menschenkönig, in so einem Stall?«

»Genau!«, sagt Olga. »Seine Eltern waren auf einer Reise und wollten gern übernachten. Aber die Stadt war voller Menschen und sie konnten nur in einem Stall Platz finden. In der Nacht ist dann der Menschenkönig auf die Welt gekommen.«

Olga schiebt mit dem Vorderhuf Stroh zusammen. »Damit er weich liegt, hat seine Mutter ihn aufs Heu in der Futterkrippe gelegt. Franzi, du setzt dich hier rein und spielst den Menschenkönig Jesus.«

Karla dreht verständnislos die Ohren vor und zurück. »Aber, ich dachte … ist Franzi nicht das Weihnachtsschaf?«

»Karla«, sagt Olga sanft. »Franzi ist das Weihnachtsschaf, aber jetzt spielt sie den Menschenkönig.«

»Ach soooo?« Karla guckt zu Franzi, dann zu Emmi. »Ich versteh gar nichts!«

»Schau mal, Karla«, erklärt Olga. »Alle, die beim Weihnachtsspiel auf dem Martinshof dabei sind, spielen die Personen, die in der Geschichte vorkommen. Aber sie sind es nicht in echt!«

»Deshalb verkleiden sich alle!«, ruft Franzi. Ihr Schwänzchen tickt.

»Genau!«, freut sich Olga. »Emmi, Karla und ich spielen dir vor, was an Weihnachten passiert. Du bist jetzt der Menschenkönig und schaust einfach zu.«

Franzi macht es sich im Stroh bequem und schaut gespannt in die Runde.

»Der große Menschenkönig Jesus wird also geboren«, beginnt Olga und ihre Stimme klingt sanft wie der Som-

merwind auf dem Großkogel. »Sofort fliegen einige Engel los, um den Menschen die Neuigkeit zu erzählen.« Franzi blinzelt. In ihrer Vorstellung schweben weiße Himmelsschafe im Mondlicht.

»Engel?«, unterbricht Karla und kratzt sich mit dem Hinterbein am Bauch. »Was ist das? Wer sind die nun wieder?«

»Gute Güte. Du hast wirklich keine Ahnung«, empört sich Emmi. »Das sind drei goldene Könige, die Jesus Geschenke bringen. Wenn sie den Stall betreten, macht das Weihnachtsschaf dreimal *Mäh, mäh, mäh!*«

»Wer ist denn nun das Weihnachtsschaf?« Karlas Stimme zittert verzweifelt.

»Ruhe, bitte!«, brummt Olga. »Engel sind nicht die drei Könige aus dem Morgenland, Emmi.«

»Sind sie doch!«, giftet Emmi. »Ich spiele seit vier Jahren das Weihnachtsschaf, da werde ich es wohl wissen.«

»Lass uns bitte weitermachen«, sagt Olga. »Jesus liegt also in der Krippe. Seine Mama und sein Papa stehen dabei und freuen sich und auch ein Esel und ein Ochse, die im Stall wohnen. Den Esel spielt Benjamin vom Nachbarhof und ich spiele den Ochsen.«

Olga positioniert sich neben Franzi und plustert sich auf wie ein Ochse.

Karla kichert. »Sieht aus, als hättest du zu viel Klee gefressen und müsstest dringend pupsen.«

»Die Engel erzählen den Menschen, dass sie einen neuen König haben«, berichtet Olga weiter. »Zufällig ist nebenan ein Hirte mit einer großen Schafherde. Sofort rennt er los, weil er den neuen König anschauen will. Natürlich hat er auch ein Geschenk für ihn. Karla, du spielst jetzt den Hirten mit dem Geschenk.«

»Ich? Echt? … na gut!«

Karla nimmt ein Büschel Stroh ins Maul, trippelt zu Franzi und wirft es ihr auf den Kopf. »Bitte schön!«

»Sehr gut, Karla«, lobt Olga. »Der Schafhirte bringt dem großen Menschenkönig …«

»Eine Kiste Gold«, sagt Emmi schnell und macht ein schlaues Gesicht.

»Gold bringen die Könige aus dem Morgenland«, erklärt Olga und ihre Stimme klingt nicht mehr sanft, sondern krächzig.

»Vielleicht bringen sie ihm alte Brötchen!«, sagt Franzi.

Emmi macht ein Gesicht, als hätte sie eine Brennnessel im Mund. »Jetzt hör sich einer diesen dusseligen Quatsch an!«

»Ich sag euch, was das Geschenk ist!« Karla leckt aufgeregt die Strohhalme von Franzis Kopf. »Sie bringen frisches, duftendes Heu. Ach, wenn wir bloß auch wieder so was hätten.«

»Du bist nah dran, Karla!« Olga spitzt ihre Lippen. »Aber: Das Geschenk, das die Hirten für Jesus bringen, ist ein Schaf – das Weihnachtsschaf!«

»Gold!«, schreit Emmi. »Sie bringen Gold!«

»Ich kapier gar nichts!« Karla lässt sich verzweifelt ins Stroh plumpsen. »Wer ist denn nun das Weihnachtsschaf?« Franzis Schwänzchen tickt. »Hab ich richtig verstanden: Das Geschenk für Jesus, den größten Menschenkönig, ist ein Schaf?«

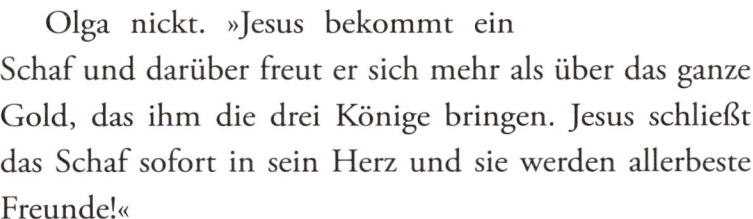

Olga nickt. »Jesus bekommt ein Schaf und darüber freut er sich mehr als über das ganze Gold, das ihm die drei Könige bringen. Jesus schließt das Schaf sofort in sein Herz und sie werden allerbeste Freunde!«

»Was für eine tolle Geschichte!« Franzi springt auf und trampelt so begeistert mit ihren Vorderhufen, dass Staub und Halme durch die Luft wirbeln. »Die beste Freundin vom Menschenkönig: ein Schaf – ein Schaf – ein Schaf!« So kribbelnd und aufregend ist das, dass Franzi es nicht mehr aushält. Sie rennt nach draußen, macht wilde Hopser vor und zurück und einen gestreckten Gletscherspaltensprung mit Anlauf.

»Gute Güte!«, wendet Emmi sich ab. »Aus der wird nie ein Weihnachtsschaf!«

Olgas Gesicht verfinstert sich. »Willst du, dass Weihnachten ausfällt wie letztes Jahr? Willst du, dass wir alle verkauft werden und sonstwo landen? Franzi ist unsere einzige Chance!«

Emmi nagt an ihrer Oberlippe. »Deine Franzi schafft keine drei Schritte geradeaus, ohne zu stolpern. Ihr Mäh klingt wie ein rostiger Blecheimer und vom richtigen Beineüberkreuzen hat sie nicht die geringste Ahnung.«

»Dann ist es höchste Zeit, dass du es ihr beibringst!«

»Der Bauer hat heute Schlapphut und Umhang getragen«, entgegnet Emmi. »Das bedeutet, dass morgen die erste Probe ist. Bis dahin schafft Franzi es nie und nimmer!«

Olgas Nüstern zittern. »Weißt du was? Ich habe das Gefühl, du willst gar nicht, dass Franzi Weihnachtsschaf wird. Du bist eifersüchtig, weil du dieses Jahr nicht mitspielst!«

»Eifersüchtig auf dieses tollpatschige Landschaf? Lächerlich!«

»Wir müssen an Franzi glauben, dann schafft sie's auch.«

»Weißt du, was ich glaube? Dass Weihnachten mit Franzi in einer Katastrophe endet. Die Menschen werden vor Entsetzen aus dem Stall rennen, weil sie alles falsch macht.«

»Ein Schaf, ein Schaf!« Franzi flitzt von einer Ecke des Auslaufs in die andere. Dass sie bald Weihnachtsschaf und die beste Freundin von Jesus ist, das fühlt sich an wie tanzende rote und zitronengelbe Schmetterlinge. »Mäh, mäh, yippymäh!«, schreit Franzi.

»Franzi!«, dröhnt Olgas Stimme über den Auslauf. »Komm bitte her!«

Aber Franzi denkt gar nicht dran. Sie muss noch eine Runde drehen und dann noch eine und Dreh- und Strecksprünge machen und dabei die Beine in der Luft zur Seite grätschen.

»Franzi!!«, ruft Olga ungeduldig.

»Komme!« Franzi wirbelt noch mal durch die Luft, hüpft links – rechts – links und dann vor und zurück.

»Franzi!!«

Olga trabt mit geblähten Nüstern auf Franzi zu. So furchterregend sieht das aus, dass Franzi sich duckt und rückwärtsgeht. »Ja?«

»Als Weihnachtsschaf musst du …«

»Trippeln, Beine kreuzen, sanftes Mäh. Ich kann alles, außer schweben!«

»Schweben? Ich glaube, wir fangen besser mal mit trippeln an. Du musst üben, üben, üben!«

»Mach ich. Aber Emmi ist so streng, da macht es keinen Spaß«, flüstert Franzi, weil Emmi durch das Stallfenster herüberschaut.

»Gut. Zeig, was du gelernt hast.«

Franzi konzentriert sich und nimmt den Pfosten vom Gatter fest in den Blick. Dann trippelt sie los. Vorne links, hinten rechts, vorne rechts, oh Mist, schon ist Franzi eine Kurve gelaufen. »Ich mache es noch mal!«

Aber jetzt verheddern sich Franzis Beine so ineinander, dass sie gar nicht vom Fleck kommt. Emmi schüttelt den Kopf und verschwindet vom Fenster.

»Komm an den Zaun!«, schlägt Olga vor. »Wenn du den entlangläufst, bleibst du von ganz allein gerade.«

Tatsächlich klappt es. Franzi trippelt geradeaus.

»Mit dir kann ich viel besser üben!«, findet Franzi. Dann geht Olga im Kreis und spielt die drei Könige. Jedes Mal, wenn Olga vorüberkommt, macht Franzi »Mäh«.

»Das klappt prima, aber dein ›Mäh‹ muss sanfter werden.« Olga macht es vor. »Mäh-mäh!« Franzi lacht, weil es sich wie eine Kuh anhört, nicht wie ein Schaf.

»Mäh-mäh! Muh-muh!«, tönt es über den Schafauslauf, bis beide heiser sind und eine Pause brauchen. Olga legt sich ins Gras.

»Hab ich nicht alles toll gemacht?« Franzi versucht, auf Olgas breiten Rücken zu klettern. »Hee, runter da.«

Franzi trippelt und kichert und da stellt Olga die Vorderbeine auf und Franzi rutscht abwärts. Franzi mäht vor Vergnügen.

»Noch mal, Olga, noch mal!«

»Morgen!« Olga trottet langsam auf das Gatter zu. Franzi hüpft ihr in den Weg.

»Zeig mir noch was!«

»Was denn?«

Franzi streckt die Zunge aus dem pelzigen Maul und schielt danach.

Olga lächelt. »Ah, ich verstehe.« Bedächtig reckt Olga ihre lange Zunge ins linke Nasenloch.

Franzi versucht es auch, aber sie schafft es bloß bis zur Oberlippe. Olgas Zunge ist gigantisch! Viermal so lang wie die von Franzi und oben rau und grün.

»Pass auf! Kannst du das?« Olga wickelt ihre Zunge um ein trockenes Grasbüschel und reißt es aus. Franzis Zunge gleitet über das stumpfe Gras, aber sie um das Büschel wickeln, das schafft sie nicht.

»Mehr, zeig mir mehr!« Vergnügt springt Franzi um Olga herum und boxt mit ihren Schneckenhörnern gegen deren Stirn.

»Willst du kämpfen?« Olga senkt die Hörner und rollt die Augen. Aber Franzi sieht aus dem Augenwinkel, dass sie dabei grinst. Franzi nimmt Anlauf, schlägt kurz vor Olgas weißer Blesse einen Haken und boxt sie von der Seite in den Bauch. »He, faule Tricks!«, schimpft Olga.

»Zeigst du mir, wie man richtig kämpft?«, bittet Franzi. »Wir Kühe benutzen unsere Hörner selten zum Kampf!«, sagt Olga.

»Aber wozu hast du denn die langen Dinger?«, will Franzi wissen.

»Och, damit lässt sich eine Menge anstellen: zum Beispiel das.«

Olga galoppiert auf den Strohhaufen vor dem Schafstall zu, gabelt mit den Hörnern ein Büschel hoch und wirft es in die Luft. Toll, wie die Halme niederrieseln. Sofort macht Franzi es nach, aber das Stroh bleibt in ihren Schneckenhörnern hängen und sie sieht aus wie ein Hütehund mit Stirnfransen. Wieder und wieder versucht Franzi das Heuschleudern und höher und höher fliegen die Halme. So viel Spaß hatte Franzi noch nie. Nicht mal mit Schneck und Helga beim Schmetterlinge-Jagen.

»Das war toll!« Müde kuschelt sie sich neben Olga ins Gras.

»Warum ist Weihnachten letztes Jahr ausgefallen?«

Olga leckt nachdenklich die Nasenlöcher. »Das ist eine traurige Geschichte. Alle bekamen Grippe. Erst der Traktorfahrer, dann Max, schließlich alle im Hofladen und auch Martin und seine Frau. Das Krippenspiel konnte nicht stattfinden. Der Tiefstall stand leer und verlassen, es gab keine Gäste, die Eintritt bezahlt hätten. Martin konnte nicht genug Futter kaufen und er musste viele Kühe verkaufen. Meine besten Freundinnen waren von einem Tag auf den anderen verschwunden.« Olgas Stimme ist mit einem Mal ganz leise.

»Wie schrecklich!« Franzi überlegt. Auch wenn es ihr recht war, von der Alm wegzukommen – ein wenig Sehnsucht nach Helga und Schneck hat sie immer noch. »Diesmal wird Weihnachten richtig schön. Ich will auf keinen Fall verkauft werden. Hier, bei dir, gefällt es mir nämlich!« Franzi 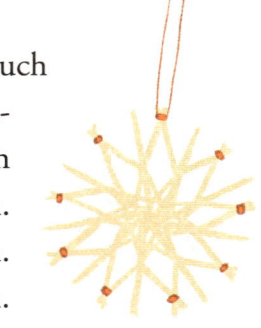 kuschelt sich an Olga. Am schwarzblauen Abendhimmel schimmern Sterne und vom Hofladen trägt der Wind eine Melodie herüber.

»Das ist das Radio von Martin. Ich liege oft nachts draußen und höre Musik. Und dann fange ich mit meinen Hörnern Träume ein.« Olga schließt die Augen und reckt ihre Hörner zu den Sternen. Franzi macht es ihr nach und sofort erwischt sie einen wunderbaren Traum. In dem schwebt sie zusammen mit Olga durch die Luft, wie ein Himmelsschaf. Sie wusste gar nicht, dass es auch Himmelskühe gibt.

Morgennebel ziehen über die kühle Wiese, als Franzi wach wird. »Du«, flüstert sie und stupst Olga in die Seite. »Lerne ich heute schweben? Als Weihnachtsschaf muss ich es doch können!«

»Hmmm«, brummt Olga. »Schweben? Ich glaub, du träumst. Schlaf einfach noch ein bisschen, ja?«

Aber dazu ist Franzi viel zu aufgeregt. Sie läuft an den Zaun und übt trippeln. So, wie Olga es ihr gezeigt hat, klappt es wirklich gut. Links vorn, rechts hinten, rechts vorn und links hinten bis zur Ecke und wieder zurück.

»Ist das nicht großartig?« Franzi erschrickt. Dass Olga aufgestanden ist und zusieht, hat sie gar nicht gemerkt. »Das geborene Weihnachtsschaf, findest du nicht, Emmi?« Emmi steht an der Tränke und macht ein missmutiges Gesicht. »Ein grüner Halm macht noch keinen Frühling, Olga. Ob sie Weihnachtsschaf wird, entscheidet sich bei der Probe! Ich muss rein, sonst erkälte ich mich.« Emmi verschwindet im Stall. Nach einer Weile reckt sie neugierig den Kopf durchs Fenster. Tatsächlich ist Franzi heute sanft wie ein Lamm. Sogar der kleine Junge, der gestern noch Reißaus vor ihr nahm, will sie unbedingt streicheln. Auch Ewald und seine Frau kraulen Franzi ausgiebig. Dass Franzi gestern noch wie ein wilder Ziegenbock ihr Auto rammen wollte, scheinen sie vergessen zu haben. »Weihnachten macht alle mild«, hört Emmi Ewalds Frau sagen, »sogar wilde Schafe.«

Mit einem Ruck zieht Emmi den Kopf aus der Fensteröffnung. Im Halbdunkel des Stalls legt sie sich auf ihren Schlafplatz. Erschöpft und müde fühlt sie sich, als wäre wirklich eine Erkältung im Anflug. Aber Emmi findet keine Ruhe. Sie stemmt sich hoch und beginnt zu trippeln: auf und ab, exakt und gerade. Sie fühlt die Hitze der Scheinwerfer, wittert aufgeregten Menschengeruch aus dem Publikum. Alle Blicke sind auf sie gerichtet. Auf sie, das Weihnachtsschaf Emmi. Elegant wirft sie den Kopf in den Nacken und setzt sich zwischen die Krippe und die Bäuerin, die Jesu Mutter spielt. In vollendeter Grazie kreuzt Emmi die Vorderbeine. Ein Raunen der Rührung geht durch die Reihen. Jetzt kommen die drei Könige und ihre kostbaren Gewänder strahlen. Emmi begrüßt jeden mit zartem »Mäh«. »Ahh« und »Ohh« rufen die Menschen und klatschen Beifall. Emmi lächelt. Nie wird es im Krippenspiel ein perfekteres Schaf geben als sie, die formidable, fabelhafte, einzigartige …

»Emmi?« Emmi fährt erschrocken herum. Melker Max schippt mit der Schaufel Schafsköttel in die Schubkarre. »Was machst du hier ganz allein?« Emmi blinzelt, sie hat Max gar nicht hereinkommen hören. »Arme Emmi«, sagt Max. »Ohne Wolle im Winter – das ist gemein.« Max tätschelt Emmis Hals. »Aber wenigstens bist du deine Milben los.« Emmi macht einen Schritt zur Seite und weicht Max aus. »Was? Schlechte Laune? Kann ich verstehen.«

Emmi hockt sich in die Ecke und sieht zu, wie Max weiter Köttel schippt. »An deiner Stelle hätte ich auch schlechte Laune«, murmelt er. »Ist doch eine Schnapsidee, dass diese bockige Franzi beim Weihnachtsspiel mitmacht. Ich hab es Martin gleich gesagt. Aber auf mich hört ja niemand.« Max fasst prüfend in die halb leere Futterraufe. »Heu ist auch fast keins mehr da. Ich seh zu, ob ich im Schober noch was finde.«

Max hebt die Karre an. »Tut mir leid, Emmi. Erst nach Weihnachten gibt es wieder ausreichend zu fressen, wenn vorher keine Katastrophe passiert!« Max zieht den Kopf ein und rollt die Karre durch die Tür nach draußen.

Emmi hockt da und überlegt. Dann steht sie auf und schaut aus dem Fenster. Draußen leckt Franzi die Hand des kleinen Jungen, dass er vor Vergnügen quietscht. »Ich will das süße Schaf mitnehmen, bitte, Mama! Ich wünsch es mir zu Weihnachten!«

Emmi zieht die Lippen hoch und bleckt die Zähne. »Kleine, miese Schwarznase … na warte! Mit dir wird Martin sein Wunder erleben.« Emmis Mund verzieht sich zu einem bösen Grinsen. »Und ich ahne auch schon, wie ich das anstelle.« Emmi zieht Luft durch die geschlossenen Zähne. Wie das Zischen einer Schlange hört sich das an und ihre Augen funkeln.

»Bleib in der Nähe des Zauns, damit der Bauer dich gleich findet.« Olga gibt Franzi einen Nasenstüber. »Wir sehen uns bei der Probe!«

Franzi reckt den Kopf über die Zaunlatten und sieht zu, wie Olga zum Tiefstall hinüberwandert.

Auf einmal durchfährt Franzi ein gewaltiger Schreck. »Haalt!«, schreit sie. »Ich kann … kann doch gar nicht …«

Olga dreht sich um. »Du musst keine Angst haben. Gib einfach dein Bestes.«

»Aber ich kann gar nicht schweben!«, flüstert Franzi.

Olga kommt zurück. »Aber Franzi, nur Vögel und Schmetterlinge schweben.«

»Und das Weihnachtsschaf! Erst durch den Stall, dann durch das Fenster und der Wind nimmt es mit –

hui-hui – über Menschenwohnungen und Wälder bis in die Schweiz. Und ich will doch unbedingt Helga und Schneck besuchen!«

Olga schüttelt die Hörner. »Franzi, Franzi …«

»Es stimmt, frag Karla. Da kommt sie.« Karla bummelt kauend auf den Zaun zu.

»Später«, brummt Olga. »Bleib hier und halte deine Wolle sauber!« Olga trabt zum Tiefstall. An ihr vorbei hasten Treckerfahrer und Bäcker in weiten, rot-goldenen Mänteln auf das grüne Stalltor zu. Glänzendes Licht strahlt aus dem Fenster und Max und die Bäuerin hängen rasch letzte Strohsterne davor. Max schaut dabei warnend zu Franzi herüber.

»Schön wie 'ne Kornblume!«, nuschelt Karla an ihrem Strohhalm vorbei.

»Was?«, fragt Franzi.

»Na, die Bäuerin in ihrem blauen Umhang. Freust du dich, dass es gleich mit der Probe losgeht?«

Franzis Oberlippe zittert. »Ich weiß nicht, wie das mit dem Schweben geht!«

»Echt?« Karla spitzt die Lippen. »Frag Emmi noch mal, die erklärt es dir! Emmi?«

Sofort erscheint Emmis weißer Kopf im Stallfenster, als hätte sie dahinter gewartet. »Wie kann ich helfen?« Sanft klingt ihre Stimme und gar nicht streng.

Franzi hüpft aufgeregt zu ihr. »Du musst mir unbedingt schweben beibringen! Emmi, du weißt schon …«

»Schweben?« Emmi überlegt. Ihre Nase zittert. »Natürlich! Wie konnte ich das vergessen!« Emmis Blick gleitet suchend über den Schafauslauf und bleibt schließlich an Max' Schubkarre am Misthaufen hängen. Ihre Augen blitzen. »Komm hinter den Stall. Am Misthaufen stört uns niemand. Karla bleibt am Zaun und pfeift, wenn der Bauer kommt.«

»Mach ich!«, erklärt Karla und schielt nach dem Strohhalm an ihren Kinnhaaren. Franzi rennt hinter Emmi zum Misthaufen.

»Schweben ist die leichteste Sache der Welt«, meint Emmi. »Das lernst du im Hufumdrehen. Einfach rauf auf den Haufen und runterschweben.«

Franzis Nase wittert. »Aber die Köttel! Olga sagt, ich muss sauber bleiben.«

»Natürlich!« Emmi lächelt. »Bleib einfach auf dem Brett, das auf den Haufen führt. Dann passiert dir nichts.«

»Alles klar!« Schon hat Franzi die Spitze des Misthaufens erreicht. Ekelhafter Geruch beißt in ihre Nase.

»Schließ die Augen!« Emmis Stimme säuselt. »Fühlst du, wie du immer leichter wirst?«

Franzi blinzelt. »Leicht wie ein Himmelsschaf?«

»Genau! Und jetzt …« Emmi schubst das Brett mit dem Vorderhuf und es dreht sich und kippt und »Waahhh!« verliert Franzi das Gleichgewicht und purzelt durch die Schafsköttel nach unten.

»Pfui-uijuihui!« Franzi schüttelt sich. Aber die stinkenden Knöllchen bleiben fest an ihrer Wolle kleben.

»Wundervoll!«, meint Emmi sanft.

»Bin ich geschwebt?«, will Franzi wissen.

Da ertönt Karlas Pfiff. Der Bauer kommt in Schlapphut und braunem Umhang über den Hof. *Tock-tock-tock* macht sein Hirtenstab auf dem Pflaster. Sofort stürmt Franzi los. Im selben Moment wie er erreicht sie das Gatter.

»Koomm, koomm, koomm!« Bauer Martin bückt sich und Franzi hüpft mitten in seine ausgebreiteten Arme. Sein Bart glänzt und sein Umhang duftet nach frisch gewaschener Wolle!

»Igitt!« Martin schubst Franzi von sich und hält sich die Nase zu. »Das ist ja nicht zum Aushalten, wie du stinkst.«

Franzi duckt den Kopf zwischen die Vorderbeine und schnuppert. Wirklich, sie hat schon mal besser gerochen. Und jetzt?

Da saust Emmi in exakt gerader Linie auf Bauer Martin zu und wirft den Kopf in den Nacken.

»Emmi!«, freut sich der Bauer. »Wenigstens auf dich ist Verlass.« Geschmeidig wie eine Katze schmiegt Emmi sich an seine Beine. »Mäh!«, tönt sie sanft und der Bauer streichelt ihren geschorenen Kopf. »Heute proben besser wir beide zusammen, stimmt's?«

»Versteh ich nicht«, mümmelt Karla. »War nicht Franzi das Weihnachtsschaf? Jetzt ist es doch wieder Emmi …«

Franzi kommt zu sich. Die Probe! Blökend rennt sie hinter Martin und Emmi zum Tiefstall. Sie hat doch alles geübt und sich solche Mühe gegeben!

Schon hat Franzi das Stalltor erreicht. Eine Hufesbreite noch! Da drückt der Bauer die Tür ins Schloss.

*Rumms* macht es laut und die Tür fällt vor ihrer Nase ins Schloss.

»Mäh!«, macht Franzi. Und noch mal: »Mäh, mäh!« Franzi stemmt ihre Schulter gegen das Tor. Aber sie bekommt es nicht auf. Von drinnen dringt eine Melodie heraus. Franzi erkennt das Lied. Genau das hat Viola zur

Weihnachtszeit gesungen! Franzis Hals kratzt, als hätte sie in bitteren Enzian gebissen. Was für eine Gemeinheit. »Mäh, Olga!«, schreit sie, aber es kommt keine Antwort. Franzi lässt den Kopf hängen. Grau und schwer fühlt sie sich, wie ein Himmelsschaf vor dem Gewitter.

»Beeil dich, Franzi!« Karla rennt an ihr vorbei zum Stallfenster. »Gleich schwebt das Weihnachtsschaf!«

Karla reckt ihr Kinn über das Fenstersims. Franzi drängt sich neben sie. »Wo denn? Wo? Ich seh gar nichts!«

Franzi erklimmt mit den Vorderbeinen das Sims und hopps, schon ist sie oben. Ihr Herz pocht aufgeregt. Beinahe den ganzen Stall kann Franzi von hier aus überblicken. Unzählige Bänke stehen im Mittelgang – alle noch leer. Ganz vorne strahlen weiße und goldene Lichter und die Verkäuferin vom Hofladen hat ein langes weißes Kleid an und aus ihren Schultern ragen Flügel! Sie trägt einen Stab mit einem Stern vor sich her. Franzi fühlt ein Kribbeln am Herzen, als hätte jemand sprudelndes Gebirgswasser drübergekippt. Gleich wird die Verkäuferin ihre Flügel ausbreiten und davonschweben. Aber nein! Sie bleibt auf dem Boden, schreitet auf die Futterkrippe zu und bewegt dabei den Mund. Zauberhaft dringt ihr Lied durchs Fensterglas. Franzis Ohren zucken. Die Verkäuferin umrundet die Bäuerin, die wirklich wie eine

Kornblume leuchtet. Ihr gegenüber steht Olga an der Krippe. Ihr Fell strahlt und sie reckt feierlich die Hörner. Wunderbar! Jetzt erkennt Franzi, dass in der Futterkrippe etwas liegt! Ein ganz kleines Menschenlamm. Soll das etwa der große Menschenkönig sein? Aber natürlich ist ein neu geborener König am Anfang auch ganz klein. Süß sieht er aus, auch wenn er sich nicht bewegt. Dafür bewegt sich jetzt etwas im hinteren Stallteil. Wenn Franzi nur besser sehen könnte. Sie pustet den Strohstern vor ihren Augen zur Seite und presst den Kopf an die Scheibe. Die Kleider vom Treckerfahrer, von Melker Max und vom Bäcker glitzern hell wie Sterne und alle drei tragen goldene Zacken auf dem Kopf. »Mäh!«, macht Franzi mild, wie sie es als Weihnachtsschaf gelernt hat. Alle Kühe und Ochsen heben die Köpfe über das Drängelgitter und blicken erwartungsvoll zum Stalltor.

»Kommt jetzt das Weihnachtsschaf?«, flüstert Karla und reckt ihren Kopf.

»Pssst!«, macht Franzi. Jetzt will sie nicht gestört werden, sondern in Ruhe Emmi beim Schweben zuschauen. Und wirklich taucht Emmis schimmernder Kopf hinter der Fensterscheibe auf, dann ihr Hals und ihre Vorderhufe.

»Wahnsinn!« Karla klappt das Maul auf und ihr Strohhalm purzelt heraus.

Tatsächlich schwebt Emmi wie ein Wolkenschaf durch den Stall auf die Krippe zu. Aber wie macht sie das bloß? Franzi kann es nicht sehen, weil dieser blöde Strohstern im Fenster baumelt. Sie stemmt sich mit den Vorderhufen hoch und schnappt ihn einfach weg. »Knacksknacksknacks« machen die Zuckerperlen zwischen ihren Zähnen. Wie aufregend! Emmi schwebt jetzt direkt an Franzi vorbei. Mist, schon ist sie außerhalb von Franzis Blickfeld. Schade, dass man durch das Fenster nicht um die Ecke gucken kann, weil die Glasscheibe im Weg ist. Franzi presst den Kopf gegen die Scheibe, um einen letzten Blick auf die schwebende Emmi zu ergattern. Und da: »Wahhh!« Franzi spuckt alle Zuckerperlen auf einmal aus. »Wahhh, zum Lämmergeier!«

»Was ist?«, will Karla wissen. »Gefällt dir das Schweben nicht?«

Franzi drückt das Maul gegen das Fenster und blinzelt. Sie blinzelt und blinzelt, als ob sie ein Staubkorn im Auge hätte oder eine Mücke. Aber es ist natürlich kein Korn und keine Mücke und Franzi kann blinzeln, so viel sie will. Denn das, was sie im Stall sieht, lässt sich nicht einfach wegblinzeln. Emmi ist kein Wolkenschaf. Sie schwebt überhaupt nicht, sondern wird bloß vom Bauern auf den Schultern getragen. Martins Gesicht glänzt dabei vor Schweiß und er sieht ziemlich verkniffen aus. Emmi ist schließlich ein ausgewachsenes Hausschaf und ziemlich schwer. Jetzt geht der Bauer in die Knie und lädt sie ab. Elegant trippelt Emmi auf die Krippe zu, legt sich hin und kreuzt die Vorderhufe.

»Alles gelogen!«, flüstert Franzi. »Emmi kann gar nicht schweben. Der Bauer hat sie getragen!« Franzi hüpft vom Fenstersims.

»Aber ich hab es doch mit eigenen Augen gesehen!«, empört sich Karla. Franzi lässt Karla einfach stehen und trabt in den Auslauf zurück.

In der hintersten Stallecke verkriecht sie sich im Stroh. Was für ein Reinfall! Sie hatte sich so auf das Schweben gefreut und jetzt? Diese Karla! Aber nein, sie trifft keine Schuld. Wenn man von unten durchs Fenster schaut, sieht es wirklich so aus, als würde Emmi schweben. Im ersten Augenblick hat Franzi es ja auch selbst geglaubt. Aber warum hat Olga ihr nicht die Wahrheit gesagt? Sie und Emmi haben so getan, als ob das mit dem Schweben funktionieren würde. Franzis Augen brennen. Das Schlimmste an allem ist, dass Olga nicht wirklich ihre Freundin ist, sondern bloß eine große Lügnerin.

»Wär ich doch nie weg vom Großkogel. Dieser blöde Bauernhof mit seinem blöden Weihnachten kann mir gestohlen bleiben. Ich mach da nicht mehr mit!«

Leer und verlassen fühlt Franzi sich. Genau wie damals, als sie in der Gletscherspalte ohne Echo festsaß.

Franzi öffnet müde die Augen. Wie lange sie wohl geschlafen hat? Draußen, vor dem Fenster, strahlt die Sonne und weiße Himmelsschafe schweben vorbei. Eines, rund und fluffig wie der Bauch von Schneck, das andere flach und oben gebogen wie der Schlapphut, den Bauer Martin gestern getragen hat. Franzi seufzt. Sie steht auf und trottet zur Raufe. Wie ärgerlich! Kein Krümel Hafer, nicht das dünnste Hälmchen Heu liegt darin. In Franzis Bauch rumort es. Vielleicht gibt es draußen am Streichelzaun etwas Futter? Mit sanftem »Mäh« trippelt Franzi nach draußen.

»Na, ausgeschlafen?« Karla schubbert ihren Po am Zaunpfosten.

»Was ist los?« Franzi schaut sich verwundert um. »Kommt heute niemand zum Streicheln?«

Karla legt sich gemütlich an den Zaunlatten ins Gras. »Die sind alle im Hofladen! Der Bäcker verteilt Sterne. Ich hab auch welche abbekommen – hier, bedien dich.«

Franzi schnuppert. Zwei hufgroße Sterne liegen neben Karla. Wie die duften! Genau dieser Duft strömte an Weihnachten auch aus Violas Haus. »Danke!« Franzi macht *haps!* und kaut. »Köstlich. Und mal was anderes als trockenes Heu.«

Karla leckt vorsichtig an ihrem Stern. »Wenn wir wenigstens mal wieder Heu bekämen!«

»Genau!«

Erschrocken schaut Franzi hoch und blickt direkt in Olgas dunkle Nasenlöcher. »Auch wir Kühe und die Ochsen bekommen kein Futter mehr. Wir haben alle Hunger, aber einer gewissen Dame scheint das ja egal zu sein!«

»Was meinst du damit?« Franzis Herz pocht.

»Dass du uns gestern bei der Probe im Stich gelassen hast, das meine ich!« Olga bläht die Nüstern. »Du hast versprochen, am Zaun zu bleiben.«

»Ich kann, ich kann … nichts dafür«, ruft Franzi aufgeregt. »Der Bauer hat mich nicht mitgenommen.«

»Weil du am Misthaufen rumgespielt hast, als er dich holen wollte. Erzähl keine Lügen.«

»Ich lüge nicht, aber du! Du hast gesagt, dass ich als Weihnachtsschaf schweben lerne. Dabei stimmt es gar nicht.«

Olga schüttelt die Hörner. »Das habe ich nie behauptet!«

»Hast du wohl«, schreit Franzi. »Weil du wolltest, dass ich bei eurem blöden Weihnachten mitmache! Und jetzt tust du so, als ob ich lüge. Das ist so gemein! Dabei kann Emmi gar nicht schweben, sie wird nur getragen.«

»Es sah aber umwerfend aus!«, nuschelt Karla durch den Stern in ihrem Maul.

»Hör zu, Franzi«, mahnt Olga. »An Weihnachten geht es nicht um schweben oder nicht schweben. Es geht darum, dass alle zusammenhalten und helfen, weil sonst das Weihnachtsspiel nicht stattfinden kann.«

»Und wie soll ich Helga und Schneck besuchen, wenn ich nicht schweben kann?« Franzi scharrt wütend mit dem Vorderhuf.

Olga schnauft. »Mir scheint, Emmi hat doch recht. Du taugst nicht zum Weihnachtsschaf.«

»Da hast du gestern aber was ganz anderes gesagt«, giftet Franzi.

»Ich habe meine Meinung eben geändert.«

Olga hebt den Kopf über den Zaun und macht ein paar Schritte rückwärts. »Ich habe mich wirklich sehr in dir getäuscht, Franzi. Tut mir leid.« Olga wendet sich um und trabt zum Tiefstall zurück.

»Feier doch dein Weihnachten allein, du … du alte … Kuh!«, ruft Franzi ihr nach.

»Aber Franzi! Olga ist doch deine Freundin«, flüstert Karla.

In Franzis langen Wimpern glitzern Tränen. »Olga ist keine Freundin. Sie hat nur so getan als ob. Dabei hab ich mir solche Mühe gegeben mit trippeln, sanft blöken und dem ganzen Kram. Und jetzt? Nicht mal schweben kann ich und lernen werde ich es hier auch nicht. Soll ich vielleicht zu Fuß in die Schweiz?«

»In die Schweiz?« Karla schluckt. »Gefällt's dir bei uns nicht?«

»Wie denn, wenn ständig alle lügen!« Schon hat Franzi sich umgedreht und rennt zum Stall.

»Franzi?« Emmi hebt den Kopf aus der Tränke. »Warte doch, bitte!« Emmi stellt sich Franzi vor der Stalltür in den Weg. »Lass mich in Ruhe!« Franzi zwängt sich an Emmi vorbei in den Stall und wirft sich neben der leeren Raufe ins Stroh. »Ich mach bei Weihnachten nicht mehr mit.«

»Ich verstehe, dass du sauer bist!« Emmi senkt ihr Maul dicht an Franzis Ohr. »Das am Misthaufen gestern, das war meine Schuld. Du warst so begeistert vom Schweben, dass ich so getan hab, als wüsste ich, wie's geht.«

Franzi zuckt mit den Schultern.

»Ich wollte nicht, dass du enttäuscht bist. Es war nicht böse gemeint, glaub mir. Wäre ich sonst einfach so für dich eingesprungen?«

Franzi verdreht die Augen zur Stalldecke und tut so, als ob Emmi Luft wäre.

»Das habe ich nur deinetwegen getan«, säuselt Emmi.

»Glaub ich nicht!« Franzi schaut in Emmis Gesicht. Ganz sanft und freundlich sieht es aus. »Komm mit zur Tränke. Da machen wir dich wieder richtig sauber. Du willst doch hübsch sein auf deiner Reise!« Emmi lächelt. »Ich hab zufällig gehört, was du mit Karla geredet hast. Schweben können Schafe nicht. Weder an Weihnachten noch sonst. Aber in die Schweiz kommst du auch so: einfach die Straße entlang in Richtung Süden.«

»Das ist viel zu weit«, ärgert sich Franzi. »Mit dem Transporter hat es einen ganzen Tag gedauert.«

Emmis Augen glänzen so hell, dass Franzi weggucken muss.

»Der Transporter kann ja auch nur auf dem grauen Band entlangfahren. Aber ich kenne die Abkürzung durch den Wald.«

»Wirklich?«

Emmi spitzt die Lippen, als hätte sie Zuckerperlen im Maul. »Hab ich dir nie von Betty erzählt? Sie ist meine Cousine und lebt mit ihrer Herde in den Bergen. Einige Male hat sie mich heimlich besucht. Der Weg ist so einfach, dass selbst Karla ihn im Schlaf finden könnte. Zwei Tage, und du bist da! Aber wenn du dich natürlich fürchtest ...«.

Emmi wirft den Kopf in den Nacken und trippelt hinaus.

Franzi schüttelt sich und überlegt. Im vergangenen Herbst hat Franzi sogar ganz allein den Weg vom Großkogel ins Tal gefunden. Das war richtig gefährlich, weil es Nacht war und dunkel. Gefürchtet hat Franzi sich kein Stück. Sie konnte sich prima an den Sternen, am Geruch der Herde und am Bachlauf orientieren. »Meine kluge Franzi«, hatte Viola sie gelobt, als sie morgens an der Stalltür ankam. »Das hat vor dir noch kein Schaf geschafft!«

Franzis Hufe kribbeln. »So einfach und kurz ist der Weg in den Süden … und Helga, Schneck und Viola freuen sich garantiert, wenn ich komme!«

Franzi rennt hinaus zur Tränke und drängelt sich an Emmis Seite. »Sagst du mir, wie ich gehen muss?«

»Was für eine kluge Entscheidung. Und mutig dazu.« Emmis Gesicht schiebt sich in der Wasserspiegelung neben das von Franzi. Ein merkwürdiges Glitzern ist in ihren Augen. »Neben der Holzbank am Waldrand endet ein Weg, der führt zu einem Gartenhaus. Lauf danach immer geradeaus bis zum Fluss. Den musst du durchqueren.«

»Von Stein zu Stein hüpfen kann ich. Hab ich auf der Alm oft gemacht«, sagt Franzi schnell.

»Siehst du!«, freut sich Emmi. »Am anderen Flussufer stößt du auf die Landstraße in Richtung Süden.«

»Das ist alles?«

Emmis Nase zittert. »Natürlich darf niemand sehen, dass du wegläufst. Komm hinter den Stall«, raunt Emmi. »Da sieht dich keiner.«

Emmi trippelt los. Am Misthaufen hält sie an und dreht sich um.

»Was ist, worauf wartest du?«

Franzi steht da und rührt sich nicht. Ihre Hufe fühlen sich an, als würden sie in tiefem Schlamm feststecken. »Ich muss Olga Bescheid sagen und mich verabschieden!«

»Franzi«, mahnt Emmi. »Dazu ist keine Zeit. Es ist nämlich …« Emmi kommt zurück und räuspert sich. »Es ist etwas, das du nicht weißt«, flüstert sie. »Gestern nach der Probe sagte der Bauer, dass er dich verkaufen will. Ihm ist es lieber, wenn ich das Weihnachtsschaf spiele.«

»Verkaufen?« Franzi stellt erschrocken die Ohren auf. »Aber an wen und wohin?«

»Das hat er nicht verraten. Nur, dass er es gleich morgen tun will. Und morgen ist, wenn man es gestern gesagt hat, heute.«

»Stimmt.« Franzis Herz fühlt sich an, als läge es eingeklemmt unter einem kantigen Felsstück.

»Bauer Martin kann jeden Moment kommen.« Gelbe Punkte tanzen in Emmis Augen.

Franzi schaut zu Karla am Streichelzaun und dann wieder zu Emmi. Ausgeschlossen, dass sie weggeht, ohne sich wenigstens von Karla zu verabschieden. »Bin gleich wieder da.«

Im Nu ist Franzi am Zaun. »Karla?«

»Gut, dass du da bist«, murmelt Karla. Angestrengt sucht sie den Boden ab. »Mein Strohhalm. Der war doch grad noch …«

»Da, am Zaun!«, keucht Franzi.

Karla lächelt. »Danke, der ist wohl beim Schubbern hängen geblieben. Warum bist du so in Eile, Franzi?«

Franzi schnauft durch. »Ich muss weg, Karla. Ich komme, um mich zu verabschieden.« Karla macht ein ratloses Gesicht. »Aber du bist doch grad erst angekommen. Und es ist so schön mit dir am Streichelzaun. Sind wir nicht Freundinnen?«

Franzis Hals kratzt, als hätte sie Binsen verschluckt. Am liebsten würde sie sich auflösen wie ein Wolkenschaf im Wind.

»Der Bauer will mich verkaufen, Karla. Ich geh in die Schweiz.«

»Ach!« Karla mümmelt an ihrem Halm.

»Mäh, mäh!«, tönt Emmi ungeduldig vom Misthaufen herüber. Ihre Augen sind schmal und sie sieht gar nicht mehr freundlich aus.

»Es ist keine Zeit, um alles zu erklären. Sag Olga schöne Grüße. Vergiss es nicht, ja?!«

»Auf keinen Fall!« Karlas Augen schimmern nass.

»Wiedersehen!«, quetscht Franzi hervor und witscht zu Emmi hinüber.

Karla lässt die Ohren hängen. »Gute Reise, liebe Franzi. Und vergiss mich nicht«, flüstert sie.

Hinter dem Stall trippelt Emmi zielstrebig auf ein helles Brett im Zaun zu und drückt es mit dem Kopf heraus. »Max hat es dreimal repariert. Aber es hält einfach nicht. Du musst schnell über die Wiese. Im Wald sieht dich keiner, da bist du sicher.«

»Danke, Emmi«, murmelt Franzi.

»Keine Ursache. Jetzt aber los!«

In gestreckten Gletschersprüngen hetzt Franzi über die Wiese auf den Waldrand zu. Durch schmale Augen beobachtet Emmi, wie die mächtigen Bäume am Waldrand Franzi verschlucken. »Auf Nimmerwiedersehen, du kleine Schwarznase«, kichert Emmi und streckt sich.

Zwischen tief hängenden Ästen und dichtem Gebüsch zwängt Franzi sich vorwärts. Einen Weg kann man das hier nicht nennen, eher einen düsteren Tunnel durchs Unterholz. Spitze Zweige und Dornen rupfen und zupfen an Franzis Fell. Immer dichter wird das Gebüsch und Franzi weiß bald nicht mehr, in welche Richtung sie laufen soll. Ein Gewirr aus Zweigen versperrt ihr den Weg. Ob sie besser umkehren soll? Franzi wittert in Richtung Martinshof. Und wenn der Bauer sie an einen Hof mit engen Ställen und gemeinen Menschen verkauft? Franzi schnuppert. Da liegt noch etwas anderes in der Luft als der Geruch vom Martinshof. Etwas, das Franzi die Wolle im Nacken aufstellt. Das ist der Geruch nach Feuer! Franzi legt ängstlich die Ohren an. Ganz klein macht sie sich und kriecht und kriecht unter den Zweigen durch, bis es endlich heller wird. Eine laubbedeckte Mulde, gesäumt von Birken liegt vor ihr. Franzi saust durch das Laub in der Mulde und klettert gegenüber über Baumwurzeln wieder hoch. Jetzt sieht sie es. Eine dünne Rauchsäule steigt hinter einem Hügel empor. Zum Glück kein Waldbrand! Der Rauch kommt aus einem Schornstein und der gehört zu einem kleinen Haus mit Zaun drumrum. Das muss das Gartenhaus sein, von dem Emmi erzählt hat. Dann ist sie auf dem richtigen Weg! Franzi schleicht näher und geht hinter einer dicken Buche in Deckung. Direkt über dem Schornstein schimmert blass ein Stern im Abendhimmel. An dem kann Franzi sich prima auf ihrem Weg in den Süden orientieren. Jetzt muss sie nur unbemerkt an dem Haus vorbei. Wer weiß, welche Menschen darin wohnen. Am Ende würden sie versuchen, Franzi zu fangen und zum Martinshof zu-

rückzubringen. Franzi huscht vorsichtig von Baum zu Baum. Gerade ist sie so gut wie am Haus vorbei, da steigt schon wieder etwas in ihre Nase. Franzi späht zum Garten. Eindeutig! Da drüben stehen Grünkohlpflanzen mit großen, krausen Blättern! Unten dunkelgrün und würzig, oben hell und süß. Franzi reckt die Nase, in ihrem Bauch rumort der Hunger. Schon tritt sie aus ihrer Deckung und trippelt mit erhobenem Kopf auf die Pflanzen zu. Köstlich! Das erste Blatt schmilzt auf Franzis Zunge. Franzi schließt genießerisch die Augen. Grünfutter hatte sie seit letztem Sommer nicht mehr.

»He!«

Franzi rupft und kaut.

»Hee-da!«

Franzi schluckt und schaut zum Haus. Ein Mann steht am offenen Fenster schüttelt drohend die Faust.

»Verschwinde aus meinem Grünkohl oder ich mach Frikadellen aus dir.«

Franzi versteht nicht, was der Mann sagt, aber wie er es gesagt hat, ist es bestimmt nicht freundlich gemeint. Da geht auch schon die Tür auf und der Mann rennt heraus. Hinter ihm erscheint ein Menschenlamm im Türrahmen. Es ist das Menschenlamm vom Streichelzaun, das mit der blauen Mütze.

»Tu ihm nichts, Papa, bitte!« Aber da ist der Menschenlamm-Papa schon fast bei Franzi und streckt die Hand nach ihren Hörnern aus. Franzi duckt sich und schlägt einen Haken. Mit einem Gletschersprung geht es über den Zaun, dann die Böschung hinauf und in den Wald aus hohen, dunklen Tannen hinein.

Karla steht am Streichelzaun und grübelt. Langsam wandert der Strohhalm von einem Winkel ihres kauenden Mauls zum anderen und wieder zurück. Die Lichterkette im Hofladenfenster leuchtet mal gelb, dann blau, dann rot. Längst ist im Ladeninneren alles dunkel und die Autos sind vom Parkplatz verschwunden. Reglos wie eine Figur aus Gips steht Karla da, den Kopf in Richtung Waldrand gewendet. Ein Grisseln ist in ihrem Kopf, das sich anfühlt wie feiner Nieselregen. Warum ist es so schwer, sich zu erinnern? Franzi hat ihr etwas Wichtiges aufgetragen. Aber was war das bloß? Vielleicht ist es besser, Emmi zu fragen. Schließlich weiß sie immer alles. Karla setzt sich in Bewegung. Am Stall hält sie an und schaut durch das Fenster. »Emmi! Schläfst du?«

»Jetzt nicht mehr. Wie oft hab ich dir gesagt: ein Schaf ….«

»… ja Emmi. Aber es ist wichtig: Franzi ist weg!«

»Du träumst schon mit offenen Augen. Geh schlafen, Karla!« Emmi gähnt.

»Hat Franzi dir nichts gesagt? Ihr habt doch miteinander gesprochen?«

»Kein Wort, Karla. Ich muss jetzt ausruhen. Morgen ist Weihnachten!«

»Klar. Tschuldige!« Karla zieht den Kopf aus dem Stallfenster und trabt an den Zaun. Drüben im Tiefstall brennt noch Licht. Max ist wohl noch am Melken. Natürlich, da fällt es Karla wieder ein! Sie soll Olga schöne Grüße bestellen. Karla fühlt ihr Herz aufgeregt schlagen.

Zum Glück hat Max das Gatter nicht verschlossen. Karla drückt es mit der Stirn auf und läuft über den Hof ans Stallfenster. Sie reckt die Schnauze hoch und lässt den Blick am Drängelgitter entlanggleiten. So gemütlich und beruhigend sieht das aus, wie die Ochsen und Kühe im Stroh liegen und wiederkäuen. Langsam und stetig mahlen ihre großen Mäuler und ihre Augen schauen dabei verträumt zur Decke. Ganz schläfrig wird Karla von all den auf- und zuklappenden Kuhmäulern. Ihr Kinn sinkt müde aufs Fenstersims. Karla schnauft durch, sie blinzelt und gähnt.

*Rattattazong* und *knirsch* macht es plötzlich hinter ihr und Karla erschrickt.

*Rattattazong* und *knirsch* und *knacks*. Was ist das für ein Lärm? Karla dreht sich zum Hofladen um und erstarrt. Am hohen Seitenfenster lauert ein schwarzer Schatten! Karla drückt sich gegen die Stallmauer und hält den Atem an. Das ist doch … ein Wolf, nein, ein Bär!

»Wäämähhh!«, schreit Karla. *Knacks* macht es am Fenster und der Schatten wird größer, lehnt sich gefährlich zu Karla herüber. Bis an ihre Ohrspitzen reicht er schon. Angststarr spreizt Karla die Hufe. Gelb und rot und blau blinken die Lichter und ein Wesen mit riesigem Kopf und Hörnern, so lang wie die Zinken an Max' Heugabel, steht vor ihr.

»Meine Güte, Olga, hast du mich erschreckt.« Karla fällt ein Stein vom Herzen.

»Hmpf, Karlmpf!« Etwas Großes, Flaches steckt in Olgas Maul. Das ist doch ganz unglaublich! Das ist der große Weihnachtsstern, den Max und die Verkäuferin gestern aufgehängt hatten.

»Psst!« Olga lässt den Stern fallen. »Verrate mich nicht. Ich brauch doch ein Geschenk für Franzi. Ich will mich bei ihr entschuldigen. Wegen des Streits, du weißt schon.«

Karla beschnuppert den Stern. »Garantiert ist Franzi nicht mehr sauer, wenn du ihr den schenkst. Der ist ja voller Zuckerperlen.« Karla leckt ihr Maul. »Ich bring ihn gern für dich rüber.«

»Ist nett gemeint, Karla. Aber das mache ich lieber selber.«

»Wegen der Entschuldigung, hab ich recht?«

»Vollkommen.« Olga wickelt ihre lange Zunge um das Stoffband am Strohstern und steckt es behutsam zwischen die Lippen. »Kompf, loshmpf!«

Mit so großen Schritten läuft Olga los, dass Karla Mühe hat, Schritt zu halten. »Schade, dass ich nicht mit dir gestritten habe«, keucht Karla. »Dann würde ich jetzt die ganzen Zuckerperlen bekommen.«

»Sicher gibt Franzi dir was ab«, tröstet Olga.

»Klar!« Karla schluckt. »Franzi hat mir sogar schon mal einen ganzen Stern geschenkt. Sie ist richtig nett.« Karla sieht zu, wie Olga den Stern an eine vorstehende Dachlatte am Schafstall hängt. »Schade, dass Franzi mir diesmal nichts abgeben wird.«

»Franzi teilt garantiert«, brummt Olga.

»Kann sie nicht, weil sie doch gar nicht da ist!« Karla macht ein schlaues Gesicht.

»Nicht da?«, wundert sich Olga.

»Ach, du liebes Schaf! Das wollte ich dir doch noch sagen«, sprudelt es aus Karla heraus. »Und ich soll dir schöne Grüße bestellen.« Karla reckt sich stolz.

»Grüße?!« Olga rollt mit den Augen. »Warum denn Grüße? Wir sehen uns doch jeden Tag!«

»Ruhe da draußen!«, blökt Emmi drinnen. »Ein Schaf braucht Schlaf!«

»Wo ist Franzi?«, flüstert Olga.

Karla dreht den Kopf mal in die eine, dann in die andere Richtung. »Ich glaube … ich bin nicht sicher, aber sie ist hinter dem Stall verschwunden!«

Karla nickt. Schön fühlt es sich an, wenn einem die richtigen Sachen im richtigen Moment einfallen.

»Wo ist sie danach hin?« Olga klingt ungeduldig.

»Nirgendwohin. Einfach weg!«

»Karla, versuch dich zu erinnern, wo ist Franzi hingelaufen!«

»Och Olga, ich hab mich heute schon an so viel erinnert. Ich kann doch nicht alles wissen!«, sagt Karla verzweifelt.

»Ruhe jetzt oder ich hol den Bauern!«, ruft Emmi.

Olga zieht den Kopf ein und schlüpft durch den niedrigen Eingang ins Stallinnere. Dicht hinter ihr drückt Karla sich hinein. Im Stall richtet sich Olga zu voller Größe auf. Rot, gelb, blau leuchtet ihr Fell im Lichterglanz von gegenüber.

»Wo ist Franzi!?«, dröhnt Olga.

»Huch! Ich hab doch schon geschlafen. Franzi? Ist sie nicht da?« Ein leises Zittern liegt in Emmis Stimme.

»Ein kleines Schaf wie Franzi hat nachts im Stall zu sein und nicht draußen allein rumzulaufen!«, sagt Olga.

Karla nickt. »Es ist nämlich so: Ein Schaf allein … wie war das gleich?«

»Ich kann dir beim besten Willen nicht helfen, Olga«, sagt Emmi. »Außerdem muss ich dringend schlafen. Wenn ich morgen das Weihnachtsschaf spiele, will ich anmutig und ausgeruht aussehen.«

»Du?«

»Wer denn sonst, wenn Franzi nicht da ist!«

Olga schaut durch das Fenster zum dunklen Waldrand hinüber. Gespenstisch recken sich kahle Äste im Mondlicht. »Wenn sie bloß nicht in den Wald gelaufen ist. Herrje, ich hätte ihr nicht solche Vorwürfe machen dürfen, weil sie nicht bei der Probe war. Ich konnte doch nicht ahnen, dass sie sich alles so zu Herzen nimmt und wegläuft!«

In Olgas Augen schimmern Tränen. So traurig wie der Blick in einen leeren Futtersack kommt Karla vor, was Olga da gesagt hat. Ganz schwarz und dunkel. Aber da taucht plötzlich ein winziges Licht vor ihren Augen auf. Eine Erinnerung, ganz weit entfernt, wie eine Sternschnuppe.

»Deinetwegen ist Franzi doch nicht weg!«, sagt Karla. »Es ist nämlich wegen dem Bauern. Er will sie verkaufen.«

Olga schüttelt die Hörner. »Niemals würde Martin so etwas tun.«

»Eben doch!« Emmi schlägt die Augen auf. »Wenn Franzi nichts taugt als Weihnachtsschaf, wozu sollte er sie dann behalten?«

Olga senkt ihr mächtiges Maul zu Emmi herunter. »Ach, daher weht also der Wind! Hast du Franzi Lügengeschichten erzählt, damit sie wegläuft und du das Weihnachtsschaf spielen kannst?« Olgas Zunge wickelt sich um Emmis rechtes Ohr.

»Aua, was tust du?«, schreit Emmi.

Olga zieht Emmi hoch und schüttelt sie durch.

»Wo ist Franzi? Raus damit!«

»Hör auf. Ich sage ja alles. Sie ist unterwegs zur Landstraße. Sie will in die Schweiz! Ich wollte sie aufhalten, aber sie hört ja nicht auf mich.«

Olga lässt Emmi los.

»Zur Landstraße – da muss sie durch den Fluss. Weißt du, wie gefährlich das ist, Emmi?«

Emmi schüttelt sich. »Der kleine Bach, ich bitte dich!«

»Im Winter ist dieser kleine Bach ein reißender Fluss, in dem jedes Tier jämmerlich ertrinken muss!«

»Olga … gute Güte. Daran hab ich nicht gedacht, ehrlich!« Emmi zieht nervös die Oberlippe hoch. »Wir müssen ihr nach!«

Schon hat Olga sich umgedreht und versucht, sich unter der kleinen Tür durchzuschieben. Aber sie ist so aufgeregt, dass sie sich mit beiden Schultern darin verklemmt.

Emmi und Karla drücken fest ihre Köpfe gegen Olgas Po. Langsam, Schritt für Schritt bewegt sich Olgas massiger Körper vorwärts.

»Ausatmen, Olga, dann wird dein Bauch kleiner!«, rät Emmi.

Sie und Karla schieben mit aller Kraft. »Luft raus, es fehlt nur noch ein kleines Stück!«, sagt Karla.

*Plopp* geht es schließlich und Olga steht im Freien. Emmi rennt an ihr vorbei. »Hintenrum, Olga, da sieht uns keiner!«

Olga versteht sofort. Hinter dem Schafstall tritt sie neben der kaputten Latte den Zaun um und galoppiert, gefolgt von Emmi, auf den Wald zu. Plötzlich bleibt Olga stehen. »Wir haben Karla verloren. Wo ist sie?«

Emmi späht mit zusammengekniffenen Augen über die dunkle Wiese. »Da, sie kommt.« In einiger Entfernung taucht ein rosa Schimmer auf, der sich langsam nähert.

»Typisch«, flüstert Emmi. Karla trägt den großen Strohstern mit den rosa Zuckerperlen im Maul.

»Schonmpf da!«

»Danke, Karla!« Olga fädelt ihr linkes Horn in die Stoffschlaufe und hängt den Stern daran.

»Hier entlang!«, ruft Emmi und verschwindet an der Holzbank im dunklen Dickicht.

## 9

Franzi huscht von Baum zu Baum. Ein Rauschen und Pfeifen liegt über ihr, als flöge ein großer Vogel da oben. Ein Adler oder Geier vielleicht? Der große Schatten ist direkt über ihr. Atemlos schlägt Franzi Haken. Ein kalter Windhauch streift ihre Nase. Im letzten Moment witscht Franzi unter einen niedrigen Tannenast. Sie kauert sich zusammen und wartet. Über ihr ist immer noch Flügelrauschen. Sicher kreist der Vogel oben in der Dunkelheit und wartet, bis Franzi ihr Versteck verlässt. »Ich bin doch nicht so doof«, murmelt Franzi. »Aber trotzdem. Beinahe hätte es mich gehabt. Was immer da oben fliegt.« Ein lang gezogenes Krächzen ertönt, gefolgt von einem Pfiff. Dann ist es still. Vorsichtig reckt Franzi die Schnauze unter den Tannenzweigen hervor und späht nach oben. Es raschelt direkt über ihr und Franzi zieht den Kopf ein.

Jetzt ist das Rascheln genau neben ihr. Dann hinter ihr und auf einmal rundherum und überall. Franzi fühlt, wie ihre Knie weich werden. Gegenüber leuchtet ein hungriges Augenpaar zwischen den Bäumen. Gleich daneben taucht noch eines auf und darüber noch eins. Eines funkelt grün, das andere gelb! Was sind das für Tiere? Fuchs, Luchs, Wolf? Franzis Beine zittern. Wie blöd! In der Schweiz hat sie sich nie gefürchtet. Aber hier, wo sie sich nicht auskennt und nicht mal den Weg weiß, da ist es anders. Ob es hier Bären gibt? »Ich bin ein furchtloses Schaf und kenne keine Angst«, sagt Franzi und erschrickt sofort. Da war ein komisches Klappern! Franzi lugt nach oben. Aber da ist nichts. *Klapperdiklapper!* Franzi macht sich auf dem Boden ganz klein. Ihr Herz pocht. Da! Schon wieder dieses Klappern. Diesmal vor ihrer Schnauze. Aber nein, das Klappern kommt aus Franzis Maul. Es sind ihre Zähne, die laut aufeinanderschlagen. Franzi beißt sie fest zusammen. Das wäre doch gelacht, wenn sie sich vor ein paar dahergelaufenen Waldtieren fürchten würde. »Ihr macht mir keine Angst!« ruft Franzi in die Dunkelheit. Da geht schon wieder das Klappern los. Schnell beißt Franzi in den Tannenzweig vor ihrer Nase. Da hört das Klappern auf und die Augenpaare verschwinden. Franzi schnauft durch. Ganz still ist es jetzt. Nur ein entferntes Rauschen ist hörbar. Franzi lauscht. Wasserrauschen ... das ist der Bach! Franzis Maul lässt den Tannenzweig los. Ihre Ohren drehen sich nach vorn. Das Rauschen kommt von drüben, hinter der Lichtung. Dann hat sie es ja gleich geschafft! Nach dem Bach kommt schon die Straße. Franzi wittert. Bis hierher kann sie das Wasser riechen. Aber wie schafft sie es bloß über die Lichtung? Ohne die Deckung von Sträuchern und Bäumen ist sie so gut wie gefressen. Franzi überlegt. »Ich muss einfach so tun, als wäre ich ganz gefährlich, dann bekommen die anderen Tiere Angst und hauen ab. Franzi beißt einen Tannenzweig ab und steckt ihn sich ins Maul. Richtig furchterregend sieht das aus, so, als hätte sie spitze Zähne wie ein Hütehund oder ein Wolf. Franzi holt tief Luft und setzt an zu einem ohrenbetäubenden Gebrüll. »Märr!« Lauter als ein Ochse oder als Olga, wenn sie wütend ist, klingt das. Franzi streckt sich, drückt die Brust nach vorn und rollt mit den Augen. »Määaarrgh.« Und gleich noch mal: »Määaahrrrgggghhh!« Franzi flitzt los. Schnell wie ein Wiesel rennt sie über die freie Wiese und dann über die Uferböschung auf den Bach zu. In diesem Augenblick schiebt sich hell der Mond hinter den Wolken hervor. Franzi hält an. So breit ist der Fluss, dass sie das gegenüberliegende Ufer gar nicht sehen kann. Hohe Wellen rauschen an ihr vorbei und zwischen den großen Steinen, die aus dem Wasser ragen, drehen sich gefährliche Strudel. Franzi visiert den Stein direkt vor sich an und nimmt Anlauf. Ein kühner Gletscherspaltensprung und zack: Drüben ist sie. Das war doch gar nicht schwer. Und gleich weiter vorn ist noch ein Stein, der knapp aus dem Wasser ragt. Jetzt kann Franzi keinen Anlauf nehmen. Sie konzentriert sich und stößt sich dann mit der ganzen Kraft ihrer Hinterbeine ab.

*Klack*, landen ihre Vorderhufe auf dem Stein. Aber die Hinterhufe kommen nicht schnell genug nach und landen im Wasser. *Brr*, eiskalt und reißend ist die Flut, wie ein rutschendes Schneebrett. Franzis Hinterbeine rudern verzweifelt, während sie vorne versucht, sich hochzuziehen. Stück für Stück zieht Franzi sich auf den glitschigen Stein. Geschafft. Aber ihre Hinterbeine sind vor Kälte ganz ungelenk und steif. Franzi schüttelt ihre Hufe, um

wieder warm zu werden. Da erspäht sie den nächsten Stein. Ein ziemlich großer ist das, aber auch ziemlich weit entfernt. Zum Schafsköttel. Jetzt müsste sie Anlauf nehmen können. Eiskaltes Wasser überspült Franzis Stein und ihre Hufe geraten ins Rutschen. »*Mäh*«, krächzt Franzi. Sie muss schnell runter von diesem glitschigen Stein. Franzi macht sich sprungbereit. Genau da zieht eine Herde Himmelsschafe am Mond vorbei und es wird dunkel. Zum Lämmergeier! Wenn Franzi nur etwas sehen könnte! Wasser schwappt hoch an ihren Bauch. »Mähh!«, schreit Franzi laut.

»Pass doch auf, du Dussel!«, meckert Emmi. Sie ist mit dem Kopf gegen Karlas Po gestoßen, weil Karla vor ihr ganz plötzlich stehen geblieben ist. Und Karla ist stehen geblieben, weil Olga vor Karla ebenfalls von jetzt auf gleich angehalten hat und besorgt zum Himmel schaut. »Ausgerechnet jetzt wird es dunkel!«, murmelt Olga. »Wenn ich nur wüsste, in welche Richtung wir müssen!«

»Ich dachte, du kennst den Weg!« Emmi schaut sich besorgt um.

»Ich war noch fast ein Kalb, als ich zum letzten Mal hier war«, sagt Olga. »Ich erinnere mich kaum.«

»Nicht schlimm«, meint Karla. »Man kann schon mal was vergessen.«

Olga senkt ihren Kopf. »Damals war ich sehr neugierig und wollte unbedingt die Welt erkunden. Ich hab mich gefragt, wie es wohl hinter dem Weidezaun im Wald aussieht. Das hat mich brennend interessiert.«

»Genau wie Franzi!«, sagt Karla.

Emmi zieht ihre Nase kraus und schnüffelt. »Bedauerlicherweise ist meine Nase verstopft und ich kann nicht riechen, in welcher Richtung der Fluss liegt. Ich hab während der Probe Zugluft abbekommen und mir einen Schnupfen geholt.«

Karla reckt ihre Nase ebenfalls in die Luft. »Dafür rieche ich eine ganze Menge: ein Menschenhaus, gleich da drüben! Große Tannen und Grünkohl.«

»Sonst nichts?«, drängt Olga.

»Doch. Ich rieche, rieche … hm …. Zuckerperlen!«

»Die helfen uns jetzt überhaupt nicht weiter«, giftet Emmi.

»Wieso? Zuckerperlen sind doch was Schönes!«, gibt Karla zurück.

»Hört auf zu streiten!«, brummt Olga. »Mit Karlas feiner Nase können wir es bis zum Fluss schaffen. Sicher ist es nicht mehr weit. Los, Karla, geh voran!«

»Mäh, mäh!« Eiskalte Wellen ziehen an Franzis Hufen. Mit aller Kraft stemmt sie sich gegen die Strömung, bis ihr die Knie zittern. Stück um Stück rutscht Franzi vom Stein. Lang kann sie sich nicht mehr oben halten. »Steckst du fest im Spalt, kommt die Rettung bald!«, murmelt Franzi. Schneck hat ihr den Spruch verraten. Und tatsächlich hat er Franzi schon mal geholfen. Im Frühling war sie übers Schneebrett in die Gletscherspalte gerutscht. Niemand hatte es gesehen und niemand hatte Franzi in der Spalte um Hilfe blöken gehört. Den ganzen Tag lang hatte sie sich die Seele aus dem Leib geschrien. Immer dünner und zittriger war ihre Stimme geworden. Als nur noch Krächzen aus Franzis Kehle kam, fiel ihr Schnecks Spruch ein. »Steckst du fest im Spalt, kommt die Rettung bald!« Franzi hatte ihn wieder und wieder vor sich hin gesagt. Ihre Aufregung ging weg und es kam wieder Kraft in ihre Stimme. »Mähh!«, tönte es lang und laut aus dem tiefen Spalt und kurz vor Sonnenuntergang kamen alle angetrappelt. Die ganze Herde stellte sich im Kreis um die Gletscherspalte auf und stimmte ein Geblöke an, das bis runter ins Tal zu hören war. Zwar dauerte es noch eine Weile, bis der Bäcker sich zu ihr abseilte und einen Strick um ihre Vorderhufe band. Aber Franzi wurde gerettet. Viola zog sie hoch und als Franzis Kopf über dem Spaltenrand erschien, geriet die ganze Herde in Aufregung. Alle tanzten und hüpften durcheinander und stimmten ein wildes Blökkonzert an.

Franzi wird jetzt noch ganz heiß, wenn sie daran denkt. »Steckst du fest im Spalt ...« Sofort kommt neue Kraft in Franzis Beine und ihr ist gar nicht mehr kalt und klamm. Noch mal und einmal noch sagt sie Schnecks Spruch. Und dann steht sie sicher mit allen vier Hufen fest auf ihrem Stein.

Karlas Nasenlöcher zittern. »Hm, die Lichtung, in welcher Richtung liegt bloß die Lichtung.«

»Gute Güte, Karla, reiß dich zusammen!«, drängt Emmi.

»Psst«, macht Olga. »Lass Karla sich konzentrieren.«

Karla wittert mal zur einen, dann zur anderen Richtung. »Vielleicht da rüber? Ich bin nicht sicher. Die Zuckerperlen riechen zu stark. Wir müssten die mal aufessen!«

»Karla!«, faucht Emmi. »Kannst du die Perlen nicht einen Moment vergessen?«

»Autsch!«, entfährt es Olga. »Mit meinen langen Hörnern bleibe ich ständig zwischen diesen blöden Bäumen hängen. Stehen überall im Weg rum!«

»Da hast du aber eine Schramme reingeratscht.« Karla bleibt staunend vor einer dicken Buche stehen. Olgas Kratzspur zeichnet sich tief und deutlich in der Rinde ab. »Und da ist noch eine!« Karla blinzelt. »Halt mal! Momentchen … Wieso kann ich das sehen? Oh, Mist und tausend Schafsköttel. Wo kommt auf einmal das viele Licht her?«

Emmi guckt nach oben. »Vom Mond jedenfalls nicht. Aber … «

»Olga, schau mal. Dein Fell glänzt und leuchtet«, freut sich Karla.

Olga streckt ihre Beine und betrachtet sie im Lichtschein. »Stimmt!«

»Da!«, ruft Karla. »Die Zuckerperlen!«

Olga verdreht die Augen und schielt zum Strohstern an ihrem Horn. Die Perlen darin glimmen. Sie leuchten heller und stärker und schließlich fangen sie an zu strahlen, bis Olga, Karla und Emmi in einem rosa Lichtkranz stehen.

»Die Perlen leuchten schöner als unser ganzer Hofladen!«, stellt Karla fest.

»Da drüben ist die Lichtung.« Olga marschiert entschlossen los. »Der Stern zeigt uns den Weg!«

»Siehst du?« Karla flitzt an Emmi vorbei. »Sag du noch mal was gegen Zuckerperlen!«

»Steckst du fest im Spalt, kommt die Rettung bald.« Irrt Franzi sich oder wird es drüben an der Lichtung wirklich heller? In vorsichtigen, kleinen Schritten dreht Franzi sich auf dem engen Stein herum. Ganz langsam, von Huf zu Huf zu Huf. *Rutsch!* Da verliert sie das Gleichgewicht. Franzi rudert mit dem rechten Vorderbein in der Luft, dann mit dem linken Hinterbein und *platsch* landet sie im Fluss. Franzi strampelt um ihr Leben. Einen Moment noch ragt ihr Kopf aus der Flut. Dann erfasst die Strömung das kleine Schaf und reißt es mit sich fort. »Mähh!«, macht Franzi noch mal. Ihre Wolle saugt sich voll mit eisigem Wasser. Ihr Paddeln wird schwächer und schwächer und schließlich versinkt Franzi kraftlos im schwarzkalten Fluss. Für einen Moment meint sie, drüben am Ufer einen hellen Stern zu sehen. Dann wird Franzi schwarz vor Augen.

# 10

Olgas Hufe stampfen über die Uferböschung. »Ich hab was gehört, glaub ich!«

»Gute Güte, Franzi! Sie wird doch nicht im Fluss sein!« Emmi trippelt an den anderen vorbei ans Ufer.

Olga stellt sich neben sie und wendet die Hörner. Helles Licht fällt vom Stern über Gischt und reißendes Wasser.

»Ich kann Franzi deutlich riechen!«, sagt Karla aufgeregt. »Sie ist hier!«

»Fraanziee!«, tönt Olgas Stimme gegen das Tosen der Wellen.

»Fraaanzieee!« Stille. Nur Gurgeln, Gluckern, Rauschen kommen als Antwort.

Olga senkt traurig die Hörner. »Ich fürchte, wir sind zu spät gekommen!«

»Nein, nein, Franzi!«, schluchzt Emmi. Jetzt tut es ihr entsetzlich leid, dass sie so gemein zu Franzi war.

»Was ist denn?«, will Karla wissen. »Ist es wegen Franzi? Aber die ist doch da drüben. Auf dem Stein!«

Tatsächlich! Jetzt sehen Olga und Emmi es auch. Auf einem breiten Stein inmitten silbrig glänzender Wellen zeichnen sich die Konturen eines kleinen, wolligen Körpers ab. Ein Schaf liegt dort drüben und rührt sich nicht.

»Die Strömung hat Franzi mitgerissen und auf den Stein gespült«, stellt Olga fest. »Ich glaube, sie atmet!«

»Mähh!«, ruft Karla hinüber.

Franzi schlägt langsam die Augen auf und blinzelt. Ist das wahr? Stehen Olga, Emmi und Karla wirklich da drüben? Aber nein. Das muss ein Traum sein. Mitten in der Nacht gibt es doch im Wald kein helles Licht. Franzi hebt müde den Kopf.

»Mähh« und »Muhh« tönt es vom Ufer. Dann ist es doch kein Traum. Franzis Schwänzchen tickt und ihre Beine fühlen sich so kribbelig an, dass sie am liebsten einen Luftsprung machen möchte. Da drüben stehen tatsächlich ihre Freundinnen. Alle drei sind sie gekommen, um sie zu retten. Franzi steht vorsichtig auf. Ganz schwach und wackelig fühlt sie sich.

»Keine Angst«, ruft Olga. »Ich komme!«

Schritt für Schritt watet Olga in den Fluss. Wirbelnde Strudel bilden sich um ihre Beine und ihr massiger Körper wird vom Wasser in eine Schieflage gedrückt. Unbeirrt geht Olga weiter, bis nur noch ihr Kopf aus dem Wasser ragt. Tapfer hält Olga ihr rosa gesprenkeltes Maul hoch. Nur noch eine Kuhlänge ist es bis zu Franzi, aber Olga kann sich nicht mehr im Wasser halten. Ihre Augen sind rund und groß vor Anstrengung. »Mäh, pass auf, Olga!«, entfährt es Emmi. »Die Strömung ist zu stark!«

Olga stemmt sich mit aller Kraft gegen die Flut und watet rückwärts aus dem Fluss.

»Du hast recht«, erklärt sie. »Ich schaffe es nicht, Franzi ans Ufer zu holen. Wir müssen was anderes finden!«

»Schweben?«, flüstert Karla.

»So ein Quatsch!«, ärgert sich Emmi. »Wir bauen eine Brücke. Als Deichschaf bin ich oft über so was gelaufen. Du kommst übers Wasser, ohne dir nasse Hufe zu holen.«

»Irre!« Karlas Augen leuchten begeistert. »Was du alles weißt, Emmi. Woher nimmst du das bloß?«

»Wir brauchen etwas Langes, das wir zu Franzi hinüberschieben. Los, helft mir suchen!«

Olga läuft zum Waldrand hoch und späht zwischen Zweige und Äste. Emmi scharrt mit den Hufen im Moos nach Totholz. Aber etwas, das länger als eine Kuh ist, kann sie nicht finden.

Karla steht an der Uferböschung und grübelt. Der Morgen dämmert und langsam wird es hell. Karlas Nase bebt. Was war das doch gleich für ein Ding, über das sie vorhin gestolpert ist? Der passende Name fällt Karla nicht ein. Auch nicht, wo es liegt. Doch da schwebt eine winzige

Sternschnuppe durch Karlas Kopf und wird langsam größer: lang, wie eine Wurst, voll gezackter, dunkler Schuppen und ein herber Duft nach Fichten. Das ist es – sie muss nach Fichtenzapfen suchen. Karla wittert. Den Geruch hat sie noch deutlich in ihrer Nase. Würzig und zugleich etwas muffig, wie das Dach vom Schafstall, wenn es lange regnet. Karla saugt den Wind ein und folgt der Duftspur. Gleich neben dem Geröll am Ufer ist alles voll davon.

»Was treibst du da?«, ruft Emmi. »Lass die Fichtenzapfen in Ruhe und hilf lieber suchen!«

»Hab was!«, blökt Karla.

»Jesus und Maria«, flüstert Emmi. »Dieses Schaf macht mich noch verrückt!«

»Warte mal!« Olga trabt eilig ans Ufer. »Karla hat etwas unter den Fichtenzapfen gefunden!« Olga schiebt die Zapfen mit dem Maul zur Seite. »Gut gemacht, Karla«, lobt Olga. »Ein Brett!«

»Genau!«, sagt Karla stolz. Mit ihren Hufen schieben Olga und Karla das Brett vom Ufer aus zu Franzi hinüber.

»Darauf kommst du herüber!«, erklärt Karla. »Ohne schwimmen und ohne nasse Hufe!«

»Mach ich!« Franzi grinst. Mit tickendem Schwanz wartet sie ab, bis sich das Brett über ihren Stein geschoben hat. Dann stellt sie sich zur Probe drauf. Gut fühlt es sich an und kein bisschen wackelig. Franzi setzt vorsichtig

Bein vor Bein. Unter ihr gluckst und rast das schwarze Wasser. In ihrem Kopf fängt alles an, sich zu drehen.

»Nicht nach unten schauen!«, ruft Emmi. »Guck immer auf den Stern! Schnurgrade trippeln wie beim Weihnachtsspiel – das kannst du doch!«

Franzi hebt den Kopf und starrt auf den Stern an Olgas Horn. »Bravo, Franzi! Die Hälfte hast du gleich!«, freut sich Olga.

Stimmt! Franzi schaut zurück zu dem Stein, von dem sie gestartet ist. Aber schon wird Franzi wieder schwindlig und als sie noch einen Schritt machen will, rutscht sie mit dem Vorderhuf vom Brett. Schnell zieht sie ihn aus dem Wasser.

»Mäh!«, tönt sie kläglich.

»Mach weiter!«, ruft Olga. Franzi gibt sich Mühe, noch einen Schritt zu machen. Aber ihre Beine zittern und Franzi kann ihre Hufe nicht in gerader Linie voreinandersetzen.

»Kopf hoch, Brust raus!«, fordert Emmi. Dann legt sie los. In exakt gerader Linie trippelt Emmi über das Brett. »Wie ich es dir gezeigt habe, Franzi!« Emmi schwebt über das Brett auf Franzi zu, dreht sich vor ihr um und schreitet zurück. Elegant und präzise setzt sie Huf vor Huf.

Und Franzi macht es einfach nach. Schritt für Schritt für Schritt.

»Das schaffst du!«, freut sich Karla. Franzi hält den Blick auf Olga gerichtet und schreitet ebenso graziös wie

Emmi. Während Emmi bis zum Brettende trippelt, hüpft Franzi mit gestrecktem Gletscherspaltensprung ans Ufer.

»Meine Franzi!« Glücklich legt Olga ihre weiche Schnauze an Franzis pelziges Maul.

»Es tut mir alles so leid. Ich wünschte, ich wäre nicht so grob zu dir gewesen. Hier, der ist für dich.« Olga hängt Franzi den großen Strohstern an die Schneckenhörner.

»Danke, Olga …«

»Bitte, komm zurück, Franzi«, flüstert Olga. »Wir brauchen dich!« Franzi setzt sich erschöpft ins Gras. »Das geht nicht. Der Bauer will mich verkaufen, weil ich doch kein gutes Weihnachtsschaf bin.«

»Das ist alles Blödsinn und gar nicht wahr«, sagt Emmi und ihre Stimme zittert. Und dann erzählt Emmi,

wie sehr sie sich darüber geärgert hat, dass der Bauer einfach ein neues Schaf angeschafft hat, nur weil sie, Emmi, Milben bekam und geschoren werden musste. Dabei hätte sie doch so gern das Weihnachtsschaf gespielt.

»Aber Emmi, du kannst doch froh sein, dass Franzi da ist und für dich einspringt«, murmelt Karla.

»Aber sie macht es nicht so gut wie ich!«, platzt es aus Emmi heraus.

»Da hast du recht«, gibt Olga zu. »Franzi macht es nicht so wie du. Aber sie ist trotzdem ein prima Weihnachtsschaf und hat eine Chance verdient. Und wenn wir uns beeilen, können wir rechtzeitig zum Weihnachtsspiel zurück sein. Wie ist es Franzi?«

»Komm zurück!«, bittet Karla. »Ich hab dich schrecklich vermisst, glaube ich.« Karlas Blick schielt nach dem Strohstern an Franzis Hörnern. »So viele Zuckerperlen. Gibst du mir davon was ab?«

Blassgrau senkt sich die Sonne hinter dem Martinshof. Auf dem Parkplatz vor dem Hofladen stehen Massen von Autos und Fahrrädern. Im Tiefstall sind die Scheinwerferkegel auf die Krippe ausgerichtet und auf den Bankreihen davor warten unüberschaubar viele Menschen dicht an dicht, dass es endlich losgeht. Sie murmeln und flüstern aufgeregt und drehen die Köpfe immer wieder in Richtung Eingang. Der Esel, den der Traktorfahrer am Pfosten hinter der Krippe festgebunden hat, stampft unruhig mit den Hufen.

Melker Max' goldbestickte Robe flattert, als er mit seiner Krone unterm Arm über das Kopfsteinpflaster auf die Gruppe am Stalltor zueilt. Keuchend bleibt er stehen. »Ich hab alles abgesucht. Olga ist weg.«

»Dann hol wenigstens das Schaf her!« Bauer Martin drückt seinen Hirtenhut auf dem Kopf fest.

Max macht ein verzweifeltes Gesicht. »Das geht nicht. Die Schafe sind auch verschwunden, alle drei.«

Der Traktorfahrer klebt seinen falschen Bart ans Kinn und betrachtet sich in der Spiegelung des Fensters.

»Das kommt davon, weil du immer das Gatter offen stehen lässt.«

Die Hofladenverkäuferin zupft die Flügel an ihrem Engelskleid zurecht. »Und jetzt?«

Der Bäcker verteilt mit den Fingern schnell etwas Schminke im Gesicht.

»Dann spielen wir halt ohne Schaf!« Melker Max verbiegt nervös die Zacken an seiner Krone.

»Wie soll ich bitte schön einen Schafhirten spielen ohne Schaf, du Hornochse?« Martin schleudert wütend seinen Hut zu Boden. »Aus, Ende, vorbei. Wir können den Bauernhof dichtmachen – jetzt wollen doch alle ihr Eintrittsgeld zurück. Geh rein und sag den Leuten, dass das Krippenspiel ausfällt.«

Max setzt seine Krone auf. »Geh doch selber rein. Wieso muss immer ich die blöde Arbeit machen?«

»Euer ewiges Gestreite geht mir auf die Nerven«, schaltet sich die Hofladenverkäuferin ein. »Und dann noch an Weihnachten. Schaut lieber mal da!« Martin blickt in die Richtung, in die die Verkäuferin zeigt. Ein Grinsen macht sich auf seinem Gesicht breit. »Aber das ist doch …!«

»… unglaublich!«, meint der Bäcker.

»… ein wahres Wunder!«, freut sich der Traktorfahrer.

Am Waldrand sind vier helle Flecke zu erkennen, die über die Wiese rasch auf den Hof zukommen. Schon sind die Umrisse einer Kuh, gefolgt von zwei großen und einem kleinen Schaf, deutlich erkennbar.

Herrlich fühlt es sich an, getragen zu werden, findet Franzi, nachdem sie draußen noch schnell vom Bauer trocken gerubbelt wurde. Und wie gut der Bauer riecht. Nach Lavendel und Minze und sein Bart glänzt wie frisch geschleuderter Honig. Aber dass er Franzis Beine so stramm festhält, als er sich unter dem Stalltor durchbückt, das gefällt ihr gar nicht. Franzi ruckelt und zuckt mit den Hufen, aber sie kommt nicht frei. Jetzt schwebt sie vorbei an den drei Königen mitten hinein in den hellen Raum. Die vielen Lampen und Scheinwerfer blenden Franzi. Langsam gewöhnen sich ihre Augen an das grelle Licht und sie erkennt, dass der ganze Stall voller Menschen ist! Alle tragen warme Pullover, Jacken und Mützen, obwohl es wegen der Scheinwerfer ganz heiß ist. Aber so sind Menschen: ständig am Frieren, weil sie keine Wolle haben. Alle Blicke sind auf Franzi gerichtet, als

Martin sie zwischen langen Bankreihen auf die Krippe zuträgt. Die Menschen lächeln und zischen entzückt. Menschenlämmer sind auch darunter. Das vom Streichelzaun winkt Franzi zu. Ewald und seine Frau sitzen in der ersten Reihe, gegenüber der Bäuerin, die die Maria spielt. Die Bäuerin lächelt so süß, dass Franzis kleines Schwänzchen sich vor Freude im Kreis dreht.

»Niedlich!«, seufzt Ewalds Frau. »Und was für einen prächtigen Hörnerschmuck sie hat.« Franzi schüttelt den Kopf, damit Olgas ausladender Strohstern zur Seite fällt und sie besser sehen kann. Die Hofladenverkäuferin schreitet mit dem goldenen Stern am Stab im Kreis um Maria herum und singt. Das Lied dauert jetzt schon ziemlich lange und die Lichter an der Krippe brennen heißer als die Mittagssonne auf dem Großkogel. Franzis Wolle juckt und sie würde sich gern kratzen, aber der Bauer lässt sie nicht von seinen Schultern. Franzi schüttelt den Kopf, bis der Strohstern vor ihrem Maul hängt und sie etwas daran knabbern kann. Ein Raunen geht durch die Zuschauer und das Menschenlamm hinter Ewald ruft etwas, das Franzi nicht verstehen kann. Franzi schaut zu Olga hinter der Krippe, aber ihr strenger Blick sagt klar, dass sie den Stern besser später fressen soll. Endlich. Die Verkäuferin hört auf zu singen und Martin spricht von einem König, der heute geboren wurde. Franzi setzt ihr liebstes Gesicht auf, weil sie weiß, dass jetzt sie drankommt. Franzi, das Geschenk für den großen Menschenkönig! Martin macht sich kleiner und lässt Franzi von seinen Schultern auf den Boden hopsen. Ihre Beine fühlen sich vom Festhalten erst taub an und dann kribbeln sie wie Ameisen. Franzi kann nicht anders. Sie hüpft von einem Bein aufs andere, vor und zurück und dreht sich dabei im Kreis. Danach kommen  Sprünge, bei denen sie alle vier Hufe auf einmal vom Boden hebt. Die Menschenlämmer im Publikum kichern und klatschen. Franzi ist froh, als das Kribbeln in ihren Beinen aufhört. Jetzt kann es mit dem Trippeln an die Krippe losgehen. Franzi setzt den linken Vorderhuf nach vorn, gefolgt vom rechten Hinterhuf. Olga lächelt zufrieden. Aber da rutscht Franzi der Stern vor die Augen und sie kann die Krippe nicht mehr sehen. Franzi schüttelt den Kopf und dreht sich um sich selbst. Im Zickzack rennt Franzi durch die Zuschauerreihen. Die Menschenlämmer schreien vor Begeisterung und strecken ihre Hände aus, um Franzi zu streicheln. Ein ganzer Wald von Händen kommt Franzi entgegen und sie weiß gar nicht mehr, wo sie eigentlich hinsoll. Plötzlich ist Bauer Martin neben ihr und schiebt sie sanft durch den Mittelgang auf die Krippe zu. Damit Franzi sie besser sieht, hängt er ihr den Stern hinters Ohr. Und jetzt trippelt Franzi in exakt gerader Linie auf die Krippe zu und legt sich zwischen Maria und das Jesuskind auf den Boden. Lämmerleicht ist das alles! Sogar an das Überkreuzen der Hufe erinnert sie sich. Stolz blickt sie zum Stallfenster. Draußen stehen Karla und Emmi und sehen zu. Aber Emmis Gesicht sieht aus, als hätte sie Brennnesseln verschluckt. Etwas stimmt nicht! Liegen die Hufe falsch übereinander? Der rechte über den linken oder der linke über den rechten Huf? Nein, doch andersrum. Die Zuschauer in der ersten Reihe kichern und weil die Leute dahinter nicht sehen können, worüber, machen sie sich ein Stückchen größer und die Menschenlämmer stellen sich auf die Bänke. Hinten sieht jetzt keiner mehr was. »He, runter da!«, schreien die Leute. »Hinsetzen!« Und die vorne setzen sich wieder hin und rumpeln dabei mit den Bänken und die Bäuerin, die die Maria spielt, macht »Psssst!« und deutet auf das schlafende Menschenlamm in der Krippe. Sofort sind alle still und Franzi wird klar, dass dieses Menschenlamm wirklich ein großer König sein muss. Hinten an der Stalltür geht wieder Gesang los und die drei Könige kommen auf die Krippe zu. Die goldenen Zacken auf ihren Köpfen sehen hübsch aus, aber was ist mit ihren Gesichtern passiert? Dem Bäcker und dem Traktorfahrer sind über Nacht lange Haare am Kinn gewachsen, wie einer Ziege. Zum Glück fällt Franzi ein, dass sie dreimal »Mäh« sagen muss, für jeden König einmal. Franzi mäht, aber Max singt so laut, dass man sie gar nicht hören kann. Da muss selbstverständlich auch Franzi lauter werden. Max brüllt noch lauter und sein Gesicht wird dabei rot wie eine Mohnblume. Das Publikum lacht und draußen vorm Fenster reißt Karla begeistert das Maul auf. Doch Emmi verzieht streng ihr Gesicht. Sofort hört Franzi auf zu blöken und legt sich still ins Stroh. Aber was für ein interessanter Duft steigt da in ihre Nase? Der kommt von der Bäuerin, besser gesagt von ihren Füßen. Das hat Franzi noch gar nicht bemerkt, dass ihre Zehen nackt unter dem blauen Umhang hervorgucken und oben rot glänzen wie Zuckerperlen. Franzi streckt die Zunge vor und probiert. Köstlich salzig schmecken diese Perlen. Die Bäuerin kreischt und springt auf vor Schreck. Das Publikum klatscht und trampelt mit den Füßen. Jetzt bringt der Traktorfahrer das Geschenk für Jesus zur Krippe. Aber das hat Maria doch gerade klargemacht, dass der Menschenkönig schläft. Und wer schläft, darf nicht gestört werden. Das weiß schließlich jedes Lamm. Franzi steht auf und schüttelt die Hörner. Ängstlich weicht der Traktorfahrer zurück. Franzi setzt einen Schritt nach und senkt die Hörner. Jetzt gibt es im Stall kein Halten mehr. Alle sind aufgestanden und drängen nach vorn, um zu sehen, wie Franzi auf den Traktorfahrer losgeht.

»Aus, Schluss, aufhören. Schaf raus!«, ruft der Bauer. Max packt Franzi an den Hörnern. Sie bockt und zappelt, aber er hat sie fest im Griff. Die Menschenherde im Stall gerät in Aufruhr, als liefe ein fremder Hütehund durch sie durch. »Das Schaf bleibt da!«, ruft Ewald. Franzi stemmt fest ihre kleinen Hufe in den Boden, aber Max ist stärker. »Buuhhh!«, schreien die Leute, als er sie in Richtung Stalltor zieht.

»Los, du bockiges Tier!«, schimpft Max und schubst Franzi durchs Tor. Draußen reißt er ihr Olgas Stern von den Hörnern und schleudert ihn nach oben weg.

»So weit kommt's noch, dass du unser ganzes Krippenspiel versaust!«

*Wumms*, fällt das schwere Tor hinter Franzi ins Schloss.

»Wieder alles falsch gemacht.« Franzis Nüstern zittern. »Aus mir wird nie ein richtiges Weihnachtsschaf. Und mein Stern ist auch weg.« Franzi trippelt suchend über das feuchte Kopfsteinpflaster. Irgendwo muss der Stern doch hingefallen sein. Vielleicht in Max' Schubkarre oder unter die mächtigen Räder des Traktors? Hinter die Regentonne vielleicht? Nichts! Franzi irrt über den weiten Hof, aber der Stern bleibt verschwunden.

»Wie gemein ist das denn!«, mault Franzi und trottet zurück zum Schafauslauf. Da bemerkt sie in der großen Pfütze am Zaun ein Glitzern. Ihr Stern! Neugierig taucht Franzi ihr Maul ins Wasser, aber im selben Moment zersplittert der Stern in viele kleine Teile. Franzi versucht schnell, sie mit ihrer Zunge einzufangen. Aber es gelingt nicht. Der Stern liegt gar nicht in der Pfütze, er spiegelt sich nur darin. Franzi guckt nach oben. Weit, weit oben im Nachthimmel, genau über dem Giebel des Tiefstalls ist Olgas Stern hängen geblieben. Prächtig sieht es aus, wie er da oben strahlt. Franzi lächelt. Auch wenn sie jetzt nicht mehr an die Zuckerperlen rankommt – der Stern glitzert so wunderbar, dass Franzi davon ein Kitzeln in den Beinen bekommt und gleichzeitig in ihrem Herzen. Und schon geht es los: Vorderhufe, Hinterhufe, rundherum. Einen wilden Sternentanz führt Franzi auf und blökt und singt dazu. Dann läuft sie zum Schafstall und kuschelt sich gemütlich auf ihren Schlafplatz. Eine Weile schaut Franzi durch das Fenster ihrem Stern beim Leuchten zu. Dann werden ihre Augen schwer und sie sinkt in einen tiefen Schlaf.

»Franzi? Franzi!«

Franzi öffnet die Augen. Karla lässt sich ganz außer Atem neben ihr ins Stroh plumpsen.

»Du warst plötzlich weg und ich konnte dich gar mehr finden! Also wie du geschwebt bist, Franzi ... große Klasse!«

Franzi gähnt. »Ja, aber der Rest war irgendwie ... ich weiß nicht. Ich bin kein gutes Weihnachtsschaf, da hat Emmi recht.«

»Emmi? Da kommt sie ja!«, freut sich Karla.

Franzi zieht ängstlich den Kopf ein. Emmi rauscht an der Futterraufe vorbei zu ihrem Schlafplatz. »Franzi, Franzi ... also, ich muss schon sagen! Erstaunlich und sehr besonders in gewissem Sinn!«

»Was denn?«, fragt Franzi kleinlaut.

Olga schiebt den Kopf durch die Tür. Ihr Gesicht strahlt. »Herzlichen Glückwunsch, Franzi! Das Publikum ist begeistert. Den Leuten hat es so gut gefallen, dass sie kein Ende gefunden haben mit Klatschen und Bravorufen. Hast du nichts gehört?«

»Dann hab ich gar nichts falsch gemacht?«, wundert sich Franzi.

Emmi lächelt. »Kleinigkeiten. Aber da drücken wir mal ein Auge zu!«

»Aber der Bauer hat mich rausgeworfen. Ich glaube, nächstes Jahr spielst besser du wieder das Weihnachtsschaf!«

Emmi legt den Kopf schief. »Mal sehen. Ich habe heute festgestellt, dass zuschauen auch ganz schön ist.«

Karla wittert aufgeregt in Richtung Fenster. »Ihr glaubt es nicht, aber vor Freude kommt der Bauer persönlich!«

Emmi schnuppert. »Und er hat Hafer dabei, wenn ich mich nicht irre!«

Olga zieht den Kopf aus der Tür und macht ihm Platz.

»Habe die Ehre, die Damen!« Martin zieht vergnügt seinen Hut. Dann kippt er einen Eimer gequetschten Hafer in die Raufe. »Bitte schön: Extra-Feinblatt-Hafer aus dem Hofladensortiment. Lasst es euch schmecken und frohe Weihnachten euch allen … besonders dir, kleine Franzi.« Martin krault Franzis pelzige Ohren. »Die Leute sind ganz wild nach dir. Morgen und übermorgen spielen wir noch mal. Dann ist der Bauernhof fürs Erste gerettet und wir können wieder mehr Futter kaufen.« Franzi schmiegt ihren Kopf in die Hand des Bauern, die jetzt wunderbar nach Hafer duftet.

»Was für ein aufregender Tag!« Franzi kuschelt sich eng an Olgas Seite. Weil die Nacht mild ist und sternenklar, haben beide beschlossen, draußen zu schlafen.

»Weißt du, was das Schönste war?«, flüstert Franzi. »Als mich Bauer Martin auf den Schultern getragen hat. Das ist viel besser als schweben.«

Olga streckt ihre Beine im Gras aus. »Nur schade, dass du auf diese Art nicht in die Schweiz kommst.«

»Nicht so schlimm, jetzt wo ich weiß, was für gute Freundinnen ihr seid!«, antwortet Franzi. »Obwohl ich Schneck, Helga und Viola zu gern wiedersehen würde.«

»Hmmm!« Olga leckt bedächtig mit ihrer langen Zunge in beide Nasenlöcher. »Ausgeschlossen ist das nicht. Im Sommer führt der Fluss sehr wenig Wasser. Es gibt da eine seichte Stelle, an der wir ihn leicht überqueren können.«

»Echt?«

»Wenn ich's dir sage! Ein paar Tage wären wir unterwegs. Aber eine Reise in die Schweiz wäre doch wunderbar.« Olga reckt ihre Hörner in den Himmel und Franzi macht es ihr nach.

»Ja, ganz wunderbar …«

Und während Franzi und Olga Träume einfangen und sie mitnehmen in einen tiefen, wohlverdienten Schlaf, schaltet drüben im Tiefstall Melker Max das Licht aus.

»Sieh dir das an!« Bauer Martin stellt den leeren Hafereimer am Eingang ab und zeigt in den Himmel.

»Ich seh nichts!« Max packt seine Schubkarre.

»Na der Stern da. Genau über uns. Der ist ein Wunder!«

»Was daran ist bitte schön ein Wunder?« Das Rad der Karre quietscht, als Max damit losrollt.

Martin bleibt stehen und steckt die Hände in die Hosentaschen. »Ich könnte schwören, dass der Stern gestern noch nicht da war!«

»Wenn du meinst. Ich geh jetzt schlafen. Frohe Weihnachten, Martin. Übrigens … deine Entscheidung für Franzi als Weihnachtsschaf war doch gar nicht so falsch.«

Bauer Martin nickt und lächelt. »Frohe Weihnachten, Max!« Martin reckt sein Kinn und schaut wieder nach oben. Und so steht er noch eine ganze lange Weile in der stillen Nacht, freut sich über den Stern und lächelt. Plötzlich schüttelt er den Kopf und zwinkert. Das gibt's doch nicht! Eine Wolke schwebt am Mond vorbei und die sieht genauso aus wie ein Schaf mit schwarzer Schnauze und puscheligen Ohren. Und kleine Schneckenhörner hat es auch.

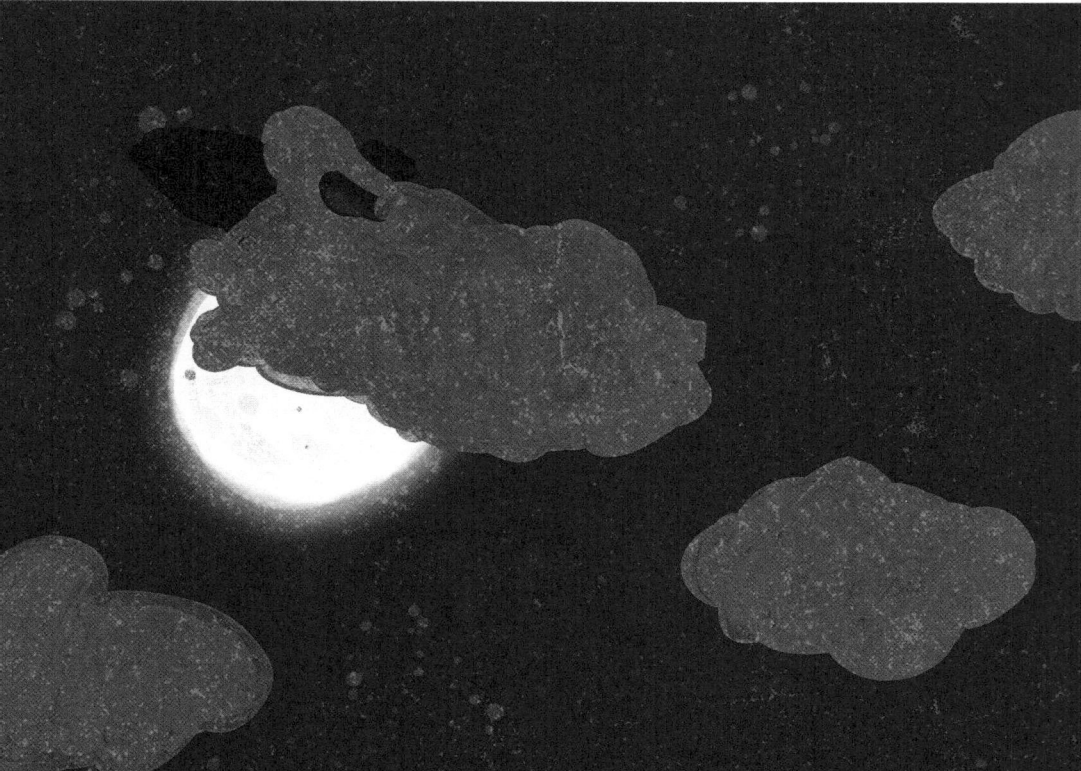

## Franzis kleines Lexikon

Falls du noch nicht oft auf einem Bauernhof warst, weißt du vielleicht nicht, was bestimmte Wörter in diesem Buch bedeuten. Deshalb erkläre ich die besser mal!

### Drängelgitter

Nicht alle Tiere haben so gute Manieren wie Schafe. Schon gar nicht, wenn es ums Fressen geht. Kühe schubsen und drängeln und das kann gefährlich werden, weil sie oft Hörner haben. Deshalb müssen sie beim Fressen im Tiefstall ihren Kopf durch ein Gitter stecken. Dann gibt es kein Geschubse mehr und alle können in Ruhe fressen.

### Enzian

Menschen sind ganz verrückt danach. Sie klettern, wandern, kraxeln auf gefährliche Felsen, um diese Blume abzureißen. Allerdings kenne ich den Grund dafür nicht. Enzian schmeckt bitter und riecht muffig. Frag am besten Menschen, was sie an Enzian so toll finden.

### Futterraufe

Ein großer Korb an der inneren Stallwand, in dem im Winter Trockenfutter für uns liegt. Das rupfen wir da raus. Nur um es klarzustellen: Wir Schafe raufen nie ums Futter wie Kühe oder Hühner. Wir sind von Natur aus friedlich und zuvorkommend.

### Gatter

Eine magische Stelle im Zaun, die ich selbst nicht richtig erklären kann. Manchmal steh ich davor und komme nicht durch, manchmal schon.

### Großkogel
Höchster Berg gegenüber der Schweizer Alm, auf der ich gelebt habe, als ich noch ein Lamm war.

### Grüezi
So sagen die Menschen in der Schweiz für »Guten Tag«. Wir Schafe sprechen es aber anders aus.

### Grünkohl
Als Schaf freust du dich, wenn es im Winter was Grünes zu fressen gibt. Grünkohl ist eine würzige Pflanze, die in der kalten Jahreszeit wächst. Sie sieht aus wie zu groß geratene Petersilienbüschel. Leider gibt es immer richtig Ärger mit Menschen, wenn ich davon nasche. Vielleicht, weil sie Grünkohl auch gern mögen. Wie ist das mit dir?

### Hausschaf
So nennen die Menschen Schafe mit weißer, lockiger Wolle und glatten Ohren. Sie sind sanft, aber eben nicht so schlau wie Schwarznasenschafe.

### Himmelsschaf
Weiße, graue, manchmal auch schwarze Schafe am Himmel. Ich liebe es, ihnen beim Schweben zuzusehen. Du auch? Ach, entschuldige die Frage – du bist ja kein Schaf.

### Honigklee
Die Blüten duften süß, aber sie schmecken langweilig. Ich falle immer wieder drauf rein.

### Hütehunde
Sie bewachen uns Schafe draußen auf der Weide. Wenn Gefahr droht, bellen sie und der Schäfer oder die Schäferin wissen Bescheid.

### Hufesbreite
Hufe sind die Dinger am unteren Ende von Schafsbeinen. Eine Hufesbreite ist so breit wie ein normal großer Schafshuf.

### Lämmergeier
Ein Raubvogel, der angeblich kleine Schafe frisst. Allerdings habe ich noch nie einen gesehen. Ich vermute, er ist bloß ausgedacht.

### Lämmerkogel
Berg mit der saftigsten Wiese, voll köstlicher Gräser, Blumen und Kräuter. Alle Schafe machen gern einen Ausflug dahin.

### Lämmerleicht
So leicht, dass selbst ein kleines Schaf es schafft.

### Landschaf
Schafe lieben das Land und grüne Weiden. Deshalb sind alle Schafe von Natur aus Landschafe. Ich weiß allerdings nicht, ob es in der Stadt auch Schafe gibt – ich bin nie in einer Stadt gewesen. Vielleicht weißt du Genaueres?

### Melken
Schafe haben Euter, in denen die Milch für die Lämmer ist. Den Menschen geben wir davon was ab. Daraus machen sie was ganz Verrücktes: Schafskäse. Brrr – wie sauer gewordener Milchbrei schmeckt der. Aber was will man machen – Menschen sind eben keine Feinschmecker wie wir Schafe.

### Menschenlamm
So nennen wir kleine Menschen. Manche laufen auf zwei, manche auf vier Beinen. Warum, weiß ich nicht. Sie streicheln und füttern uns gern.

### Milben
Klitzekleine Tiere in der Wolle, die jucken. Ständig muss man sich schubbern. Olga erzählt, auch Menschen hätten so ähnliche Tiere. Wie die heißen, hab ich aber grad vergessen.

### Misthaufen
Hühner, Kühe, Schafe – alle Tiere außer Hauskatzen – haben kein eigenes Klo. Sie kacken, wo sie grad stehen. Das ist gut für die Erde, weil dort dann schöne Blumen wachsen und leckeres Gras. Das weiß auch der Bauer. Darum sammelt er die Kacke von seinen Tieren auf einem Haufen. Olga hat mit eigenen Augen gesehen, wie er den ganzen Haufen auf seinen Anhänger lädt und aufs Feld fährt. Dort kippt er alles aus und verteilt es, damit sein Kohl und seine Kürbisse richtig groß werden.

### Schafgarbe
Die wichtigste Pflanze im Leben eines Schafs überhaupt – mein absolutes Lieblingsessen. Sie blüht weiß oder rosa und kitzelt angenehm auf der Zunge.

### Schafauslauf
Eine Weide mit Zaun drum rum. Meist ist dort das Gras aber nicht mehr lecker, weil es runtergetrampelt und voller Schafsköttel ist.

### Scheren
Schafe sind überaus freundliche Tiere – das weißt du schon. Wir geben Milch für Käse und noch etwas: Wolle. Davon haben Schafe reichlich und die teilen wir mit den Menschen. Die Armen sind im Winter ja ständig am Frieren. Sie schneiden deshalb unsere Wolle ab. Das nennen sie scheren. Daraus machen sie sich eine Art Fell. Oft ist es bunt und sieht sehr lustig aus.

### Schneckenhörner
Die interessantesten Hörner, die ein Schaf haben kann. Sie sind gedreht wie eine Schnecke.

### Schwarznasenschaf
Die schönsten und klügsten unter den Schafen. Schwarze Nase, schwarze Ohren und schwarze Knie. Sehr schick!

### Strohhalm
Ein trockener Stängel, der schön klebrig wird, wenn du lange genug darauf herumkaust. Wunderbar gegen Langeweile.

### Tiefstall
Mitten durch den Stall führt ein Weg, auf dem das Futter für die Kühe und Ochsen liegt, die in den Räumen links und rechts davon leben. Dazwischen ist ein Gitter. Der Boden der Räume liegt tiefer als die Futterstraße. Wenn die Kühe ihren Kopf durch das Drängelgitter stecken, weil sie fressen wollen, dann sind ihre Mäuler mit dem Futter auf gleicher Höhe.

### Tränke
Wasserbecken für Tiere zum Trinken. Aber Gänse und Schweine klettern auch manchmal rein, um darin zu baden.

### Weihnachtsschaf
Das wichtigste Schaf zu Weihnachten oder, andersrum gesagt, zu Weihnachten ist das Schaf das Wichtigste.

Deutsche Originalausgabe

Copyright © 2022 von dem Knesebeck GmbH & Co. Verlag KG,
München
Ein Unternehmen der Média-Participations

Text © Susanne Orosz
Illustrationen © Stefanie Jeschke
Projektleitung und Lektorat: Theresa Scholz, Knesebeck Verlag
Satz & Herstellung: Arnold & Domnick, Leipzig
Druck: Livonia Print Ltd.
Printed in Latvia

ISBN 978-3-95728-501-0

Alle Rechte vorbehalten, auch auszugsweise.

www.knesebeck-verlag.de